U0831778

矿大故事系列丛书编委会

主任委员：刘　波　赵宏伟

副主任委员：蔡世华

委　　员：（以姓氏笔画为序）

王传棨　冉进财　冯　震　曲　颂　祁慧勇

许　臣　张矛矛　张绍良　陈　文　陈仲元

段晨龙　秦波涛　桂夏辉　徐黎华　谢发国

本书编写组

主　编：蔡世华

副主编：陈　文　许　臣

编　辑：（以姓氏笔画为序）

王守刚　方跃平　刘尊旭　孙凌杉　李　秀

陈　东　赵红灿　龚　成　韩　玮

行健之歌

中国矿业大学历史上的名师风采录（第二辑）

本书编写组 编

中国矿业大学出版社
·徐州·

图书在版编目（CIP）数据

行健之歌：中国矿业大学历史上的名师风采录．第一辑／本书编写组编．— 徐州：中国矿业大学出版社，2024. 10. — ISBN 978-7-5646-6409-1

Ⅰ. K825.46

中国国家版本馆 CIP 数据核字第 2024C2H388 号

书　　名　行健之歌
　　　　——中国矿业大学历史上的名师风采录（第一辑）

编　　者　本书编写组

责任编辑　夏然　徐玮

出版发行　中国矿业大学出版社有限责任公司
（江苏省徐州市解放南路　邮编 221008）

营销热线　（0516）83885370　83884103

出版服务　（0516）83884895　83884920

网　　址　http://www. cumtp.com　E-mail:cumtpvip@cumtp.com

印　　刷　江苏苏中印刷有限公司

开　　本　880 mm×1230 mm　1/32　印张 6.25　字数 134 千字

版次印次　2024 年 10 月第 1 版　2024 年 10 月第 1 次印刷

定　　价　45.00 元

（图书出现印装质量问题，本社负责调换）

序

教师是人类灵魂的工程师，是人类文明的传承者，承载着传播知识、传播思想、传播真理，塑造灵魂、塑造生命、塑造新人的时代重任。2023年9月，习近平总书记在致全国优秀教师代表的信中提出中国特有的“教育家精神”。2024年9月，习近平总书记在全国教育大会上指出，要实施教育家精神铸魂强师行动，培养造就新时代高水平教师队伍。习近平总书记关于教育、教师队伍建设的一系列重要论述为深化新时代教师队伍建设指明方向、提供遵循。

中国矿业大学已经走过115年的办学历程。在与国家同向共进、与行业休戚与共、与地方同频共振的奋斗历程中，学校积淀并形成了“努力努力，行健天同功”的自强不息精神，“守坚定、戒骄盈、忍劳苦”的艰苦奋斗精神，“于科学有真发明、于社会有真贡献”的追求卓越精神。无数矿大教师胸怀“国之大者”，坚守立德树人初心使命，以奋发有为的精神状态投身教育强国建设实践，谱写了教育报国的华彩乐章。

本书荟萃的18位教师，有为国家能源工业的发展作出重大贡献的学界泰斗，有深受学生敬仰爱戴和社会广泛认同尊重的师德楷模，有将人才培养和个人研究方向主动对接国家发展的国之栋梁……虽然他们都已故去，但他们都是矿大精神的参与者、铸造者、传承者和发扬者。他们的事迹，充分展现了他们立德修身、敬业立学、教书育人的行为示范，深刻诠释了“安其学而亲其师，乐其友而信其道”的真谛，是新时代弘扬教育家精神的生动写照，为我们回答好“强国建设、矿大何为”的时代课题，争做“躬耕教坛，强国有我”的践行者、先行者做出了最好的榜样和注解。

学校历来高度重视教师队伍建设，坚持把教师队伍建设作为基础性工作来抓，以教育家精神引领高水平教师队伍建设，以高水平教师队伍支撑学校高质量内涵式发展。相信本书的出版能够进一步引导广大教师坚定心有大我、至诚报国的理想信念，陶冶言为士则、行为世范的道德情操，涵养启智润心、因材施教的育人智慧，秉持勤学笃行、求是创新的躬耕态度，勤修乐教爱生、甘于奉献的仁爱之心，树立胸怀天下、以文化人的弘道追求，践行教师群体共同价值追求，将教育家精神转化为思想自觉、行动自觉。深刻认识在教育强国、科技强国、人才强国建设中肩负的光荣使命与重大责任，积极推进能源资源特色世界一流大学建设，在服务国家、行业和区域发展中奋力谱写“强国有我”的矿大篇章，以更加优异的成绩向新中国成立75周年献礼！

中国矿业大学党委书记：刘波

2024年10月

目　录

（本书收录的教师按出生时间排序）

知责于心　担责于身　履责于行

——我国著名采矿专家、矿业安全学科奠基人之一

汪泰葵…………………………………………………… 1

传道授业　矢志报国

——我国著名煤田地质学家、煤岩学家韩德馨………………… 9

元甘淡泊心常泰　平生耕耘志弥坚

——我国著名矿井通风专家、矿业安全学科奠基人之一

黄元平…………………………………………………… 20

在地质这块硬土上，他一掘就是一生

——我国煤田油气地质与勘探学科奠基人何锡麟……………… 31

深耕科教，为矿业安全奋斗一生

——我国著名矿井通风防灭火专家、矿业安全学科奠基人之一

王省身…………………………………………………… 45

做学问就要顶天立地
——我国“干法选煤之父”陈清如…………………………………… 56

至行问道　达识求真
——我国力学界著名科学家陈至达…………………………………… 70

师者典范乐学善导　淡泊名利潜心育人
——我校机械工程学科主要奠基人之一魏任之……………… 81

质朴无华　守正笃实
——我校煤矿水文地质及工程地质专业开创者和奠基人
沈文………………………………………………………………………… 90

弘毅之士　良有以也
——我国煤矿巷道围岩控制学科主要奠基人陆士良………… 99

谦谦君子　温润如玉
——我校矿山机械学科开拓者李昌熙……………………………… 109

奋斗驱萧索　不负少年时
——我国开采沉陷领域知名学者马伟民…………………………… 118

不是逢人苦誉君　亦狂亦侠亦温文
——我校管理科学与工程学科开创者陈宝书…………………… 125

志士轩昂非自谋　一生长为国家忧
——我国矿山压力与岩层控制学科主要奠基人之一
钱鸣高…………………………………………………………… 132

教书育人谱大道
——我校管理科学与工程学科先行者穆忻普…………………… 147

爱国心　报国情　强国志
——我校采矿工程国家重点学科带头人侯朝炯………………… 157

志坚行苦铸学魂　勤耕细作育桃李
——我国煤田地质学家、构造地质学家王桂樑………………… 167

殷殷之情俱系学术　寸寸丹心皆为国家
——我校管理科学与工程学科首席带头人陶学禹……………… 178

后　记 …………………………………………………………… 187

知责于心　担责于身　履责于行

——我国著名采矿专家、矿业安全学科奠基人之一汪泰葵

汪泰葵（1915—1983），江苏崇明（今属上海市）人，中国共产党党员，我国著名采矿专家、矿业安全学科奠基人之一。1938 年毕业于交通大学唐山工学院（即唐山交通大学，今西南交通大学）矿冶系。1952 年，随唐山工学院采矿科系调入中国矿业学院工作。曾任中国矿业学院副院长，国务院学位委员会第一届学科评议组成员，中国煤炭学会开采专业委员会第一届主任委员。

紧跟时代　实干笃行

1915年，汪泰葵出生于江苏崇明（今属上海市）。1934年，进入唐山工学院矿冶系学习，1938年毕业后，历任湖南省金矿采金队助理员、川陕甘边采金队副总工程师、经济部矿冶研究所助理研究员、兵工署材料实验室技术员、湖南大学讲师、交通大学唐山工学院副教授、教授。1952年8月，教育部签发《关于采矿系调整的指示》，清华大学、天津大学采矿系和唐山工学院的采矿科系师生调整至中国矿业学院，汪泰葵跟随唐山工学院采矿科系师生调往中国矿业学院，从此在矿大史的书写中留下了浓墨重彩的一笔。

青年时期的汪泰葵

新中国成立前，在工业救国、教育救国的想法指引下，他投身于工业建设和高等教育；新中国成立后，带着对时代发展的切身体会，怀着为人民奋斗的强烈愿望，他积极向党组织靠拢，于1956年成为学院最早一批被吸收入党的教师，从此献身于党的教育事业，并为之奋斗了一生。

汪泰葵长期从事采矿教育工作，在矿井通风、瓦斯防治、防

汪泰葵（前排左一）与采矿系师长合影

火灭火方面有很深的造诣。1952 年，中国矿业学院采煤系设矿山通风安全教研室。在汪泰葵的带领和推动下，通风与安全教研室从仅有 10 多名教师、实验员，发展到获批试办“矿山通风与安全”专业并开始招生。汪泰葵凭借着深厚的学术功底和开阔的视野，带领教研室从无到有、从小到大，使之逐步发展成为国内领先的通风安全教学与科研基地，为我国矿山安全领域培养了大量的专业人才。

1983 年 6 月 30 日，黄元平在《沉痛悼念汪泰葵教授》一文中回忆：“我在 40 年代就是汪老的学生，50 年代以后一直是他的助手。汪老热爱工作，具有强烈的事业心，是我院通风安全教研室的创始人。在教研室的发展过程中，教学、科研、教材建设、实验室建设以及师资培养等工作，都在他的潜心操持下开展。50 年代初期，汪老主审了一本翻译自苏联矿井通风学方面的教材，安排专人开展科研工作，于 50 年代末期主编了我国第一本矿井通风与安全的通用教材（1959 年，汪泰葵、关绍宗、侯运广主编，符合我国煤矿生产实际的首部《矿井通风与安全》教材）。在这段时间里，为我国培养了一批通风安全专业的青年教师（周世宁 1953 年毕业留校工作，张惠忱 1953 年到采煤系工作，俞启香、赵以蕙 1957 年毕业留校工作，邸志乾 1958 年东北工学院毕业后到校在通风安全教研室工作）。60 年代初期，他又培养了一批通风安全专业的研究生。80 年代，担任中国矿业学院副院长后，他仍然经常深入基层，联系群众，参与通风安全教研室的各项活动，并不顾身体多病，为我国首批通风专业的博士研究生的培养尽心尽力。”

在汪泰葵的影响下，黄元平、王省身、周世宁、俞启香、邸志乾、赵以蕙、张惠忱等人，赓续传统，接续奋斗，推动“矿山通风与安全”专业建设取得了长足的发展。1986 年，安全技术及工程二级学科独立获得博士硕士学位授予权，1994 年被评为煤炭工业部部级重点学科，2001 年被评为国家级重点学科。王德明、林柏泉、程远平、周福宝、王恩元等，在前辈奠定的基础上，开拓创新，锐意进取，推动安全学科不断迈上新台阶。2011 年，安全技术及工程由矿业工程一级学科下的二级学科上升为“安全科学与工程”国家一级学科，在 2012 年第三轮全国学科评估中排名第一，在第四、五轮学科评估中均为 A+，2020 年新获批应急技术与管理交叉学科，2021 年又获批职业安全健康交叉学科。

履职尽责　科教并重

汪泰葵非常重视科研工作。他担任科研处主任期间，推动学校的科研工作取得了较好的发展，为提前五年完成“十二年科技规划”和实现学校五年跃进规划打下了坚实基础。在他的带领下，团队发展方向更加明确，学术水平显著提高，人才队伍逐步形成，取得了显著的研究成果，充分展现了科技创新与人才培育的成效。其中水力运输、重介选煤、水平煤田开采等方面的专业成果成功进入教材，有效助力学校的事业发展。《北京矿业学院一九五八年科学技术工作总结》报告中提到：“我们在煤炭科学技术方面，总体而言，正处在从掌握国外已有成就，逐步过渡到独创的阶段。”如水力采煤中的关键性技术问题：150 公尺扬程煤水泵的改进设计研究，在与唐山煤炭科学院、开滦煤矿的协作下，已经胜利完成；浓煤浆水力运输的研究在京西万佛堂进行了工业试验，煤水比已经稳定在 1:1，最大煤块达 50 厘米，为推广水力采煤创造了有利条件。煤矿机械方面，由学院煤矿机械研究所设计、鸡西矿山机械厂试制的高效率短截深采煤机工业性试验成功，对我国煤矿机械化是一个很好的尝试；在选矿工业中研究了重介质选煤，创造性地采用了黄土做介质并试验成功，协助北票矿务局台吉选煤厂建成了重介质选煤车间。高炉灰渣中石墨的提取和精制获得巨大成就，已开始少量生产。矿产资源调查方面，协助地方找出煤炭资源储量 33 亿吨，探明其他金属和非金属矿产 45 种。地质科学研究方面，找出了无烟煤煤田中煤层对比的关键因素，为煤矿生产和地质勘探提供了方向……

在他的主导下，1959 年，学校联合煤炭部所属有关单位以及兄弟院校，依托前沿科研成果，精诚合作，编纂出版了一系列高质量的教学用书，如《采煤学》《矿井通风与安全》《矿井提升设备》《矿井建设快速施工》《矿山水力机械设备》等。经过对十几个院校相关教研组教师所进行的科学研究工作以及分头收集的现场资料的分析整理，由北京矿业学院组织编写的《采煤学》和《矿井通风与安全》等教学用书，在国庆十周年前夕公开出版，不仅极大地丰富了教学内容，更为我国矿业教育体系的完善奠定基础，为后续科研与教育的深度融合树立典范。

1980 年，汪泰葵担任中国矿业学院副院长，主管科研。在任期间，他深刻洞察到科研对于国家科技进步和产业发展的关键作用，科研不仅是推动知识边界拓展的引擎，更是解决国家生产实际问题、提升产业竞争力的重要途径。必须重视科研创新，致力于培养和激励科研人才。陈清如 1952 年毕业后留校工作，与汪泰葵接触较多，他提到："汪泰葵先生经常鼓励教师搞科研，并强调科研要结合生产实际，为国家多作贡献。我曾向他汇报过我打算设计概率分级筛，解决目前尚难解决的细粒潮湿煤炭的筛分问题。他听了非常高兴，满怀深情地给予我鼓励、关怀和支持。他还亲自到实验室了解科研进展情况，不断激励我们要克服困难，使我们增强了信心，不断前进。他不仅在思想上关心我们，而且在人力和物力上都很热心地帮助我们解决问题。”正是汪泰葵的谆谆教诲和热情鼓励，激发了学校广大科研工作者的潜能，为我国煤炭科技事业的发展注入了强大的动力。

汪泰葵治学严谨，讲究知行合一，提倡在实践中得出真知。陈清如在纪念汪泰葵的文章中写道：“1948 年，我考入唐山交通大学学习时，汪先生给我们讲授‘矿山测量学’。他学识渊博，讲课条理清晰，教学态度认真，治学严谨，一丝不苟，对学生循循善诱，还亲自带我们下井测量实习。在实习过程中，汪泰葵以学生的安全为首要原则，凭借着极强的专业性知识和认真负责的态度为学生保驾护航。由于开滦煤矿白天生产、晚班维修，所以矿井测量实习只能在晚班进行。汪先生每次下井都拿个小锤子敲帮问顶，在实习

汪泰葵与夫人合影

中特别注意安全。我印象最深刻的是，有一次我们正在井下准备测量，汪先生急急忙忙跑过来，要我们马上撤离。当我们仓促地从这个地区撤出后，那里就发生了冒顶，大块大块的岩石顶板冒落下来，我们几个学生都面面相觑。汪先生是那样认真负责，这件事一直记在我的脑海中，鞭策着我要像他那样对同学认真负责，对工作一丝不苟。”

在日常生活中，汪泰葵严于律己，从不考虑个人得失。早在20世纪50年代中期，他就赞成缩小工资差距，主动申请减少工资。尽管受到了很多委屈和不公，他在思想上始终相信群众，相信党，胸怀开阔地向前看，从未有过半句怨言。在四川矿业学院建校过程中，他是工地上干重活的年龄最大的教师。不幸得心肌病后，他最关心的是希望医学上能查清病因，以便今后医学领域加强防治。直到生命垂危之际，他仍十分关心这事，愿意献出自己的遗体供医学研究之用，在生命的最后一刻依然展现出对社会与科学事业的深厚情怀和责任担当。

1983年5月31日下午，汪泰葵病逝于北京。6月30日，中国矿业学院召开部分教职工大会，授予汪泰葵模范共产党员和模范教育工作者称号。这既是对他个人成就的肯定，也为他的科研与教学生涯画上了一个充满敬意与荣耀的句号。

（作者：王恩元　孙留涛）

传道授业　矢志报国

——我国著名煤田地质学家、煤岩学家韩德馨

韩德馨（1918—2009），江苏如皋人，中国共产党党员，我国著名煤田地质学家、煤岩学家，中国矿业大学教授、博士生导师，中国工程院院士，中国现代煤田地质事业的先驱者之一。被国务院授予“有贡献的早期回国专家”称号，获“李四光地质科学荣誉奖”。1942 年毕业于西南联大，1943-1945 年，在北京大学研究院学习，1950 年毕业于美国密歇根大学研究院，长期从事煤炭资源开发的煤田地质基础理论的教学和研究工作，是新中国煤田地质事业奠基人之一。

耕读传家　诗书继世

在中国悠久的历史文化中，向来流传着“耕读传家久，诗书继世长”的古训，既承载了家学继承、薪火相传的美好愿景，也体现了无数先辈身体力行的生活哲学：耕以养身，读以明志，诗书传家，世泽绵长。韩德馨，这位地质学界的领路人，其学术之路的深远与坚实，正是“耕读”之家风的生动诠释。1918年9月，韩德馨出生于江苏如皋的一户小手工业者家庭。家中六个兄弟姐妹，三个姐姐、两个哥哥，他排行最小。幼年丧母，家境贫寒，一家人时刻挣扎在柴米油盐的生存边缘。

在如此窘迫的条件下，祖父坚持让孩子们尽可能多受教育。“好好学习，做一个有能力为社会做事的人”，这份深沉的勉励与教诲，仿若春风化雨，滋养着他们幼时求知的渴望，也给予了他们克服困难、勇往直前的信心和力量。在祖父的影响下，韩德馨和哥哥韩德培、韩德溥三人都刻苦向学，成绩优异。大哥韩德培曾就读国立浙江大学（今浙江大学）、国立中央大学（今南京大学）法律系，后留学多伦多大学、哈佛大学，回国后到武汉大学任教，成为中国当代著名法学家、中国国际法学一代宗师、中国环境法学开拓者和奠基人。二哥韩德溥，展现了超乎年龄的成熟与担当。面对拮据的家境，他毅然选择在完成中学学业后步入社会，以稚嫩的肩膀扛起了家庭的重担。而韩德馨本人，小学时也曾两度辍学，但凭借着不屈不挠的毅力和追求知识的执着精神，在抗日战争的硝烟中，四次随学校辗转迁徙，最终艰难完成高中学业。这段经历无疑是他人生中最宝贵的财富。

从小受韩氏家风熏陶，耳濡目染，韩德馨继承了家族为人正直、忠肝义胆的家风，学生时代便积极投身于火热的抗日救亡运动中去，为国家兴亡而辗转奔波。他曾经说过，“我是经历过第二次世界大战的人，过去的苦难警示我们，只有建设强大的祖国，才能使人民安居乐业。”

年少的韩德馨曾一度打算报考军校，弃笔从戎，奔赴抗日前线，但因幼时生病留下的耳疾导致体检不合格，从而被刷下。成长于外敌欺侮的环境，且深受五四运动以来变革图强的民愿感召，他

韩德馨参加四川矿业学院建校劳动

早就立志于修读理工科等应用科学，后又受徐霞客、丁文江、汤克成等地学学科前辈的影响，决心投考地质或采矿专业。他立志像徐霞客一样，走遍祖国的大江南北，探寻地下资源，去做祖国建设事业的“粮草官”。

1938 年 9 月，在日本轰炸的重灾区——重庆，韩德馨参加了第一次国立大学联考。地下资源是国家发展所需要的能源和原料，是工业建设必不可少的基础。当时中国的民族工业还很落后，必须起步于地学知识，充分了解和掌握地下资源分布，“有米下锅”才有后续开发和利用的可能。在特定的时代环境下，他认识到地学研究对于建设祖国的重要意义，这也是他最后决定报考地质专业的原因。

同年，韩德馨如愿以偿地被国立西南联合大学地质地理气象学系录取，踏上了前往昆明的求学之旅，专攻地质学。完成本科学业后，他选择继续深造，进行了两年多的研究生学习。之后，他投身实践，在中国航空公司担任了两年的气象员，锻炼实际工作能力。

1948 年 8 月，韩德馨赴美留学。在密歇根大学攻读经济地质学和沉积学。期间，他遍访北美，从第四纪冰川的地貌到湖泊沉积，从阿巴拉契亚山的古生代地层到大峡谷的地质风光，都有他的足迹。然而，美景与安逸并没有磨灭他对祖国日思夜想的深情，反而激发了他内心更深的责任感与使命感。

新中国成立后，韩德馨被国内热火朝天的建设浪潮所感动，下定决心要回到祖国的怀抱，为国家建设贡献自己的力量。1950 年 5 月，韩德馨加入第一波留美学人的回国浪潮中，成为中华人民共和国成立后首批归国学者，并受到了当时燃料工业部陈郁部长的亲切接见。

砥志研思　皓首穷经

“科学没有平坦的大道，只有不畏劳苦沿着陡峭山路攀登的人，才有希望达到光辉的顶点。”作为新中国煤田地质事业的开拓者，韩德馨长期从事这一领域的研究与教学工作，在煤田地质事业的光辉道路上不断前行，从未停歇。

韩德馨在实验室工作

1951 年，他来到刚开始兴建的中国矿业学院（中国矿业大学前身），与当时调任北京地质学院（中国地质大学前身）的杨起先生，共同领导并创建了我国第一个煤田地质系。在学校有意聘请他担任地质系主任的情况下，考虑到自己耳疾可能带来的不便，韩德馨坚持以学校整体利益为重，只肯就任地质教研室主任，并且向学校推荐了自己尚在美国的同学邓海泉先生，积极联系和动员其来校就任，彰显了其博大胸怀和奉献精神。

在新中国第一个、第二个“五年计划”期间，他参加了全国重要煤矿勘测报告的审查、矿山设计论证、煤田预测、地质灾害防治等工作。20 世纪 50 年代，京西矿务局需要解决煤层对比及煤质问题，他领导两组同志下矿井进行调查研究，承担了“京西安家滩古生代煤系与煤层综合研究”课题，因提出了煤的二次变质问题的新观点，获得了煤炭工业部科技奖——火箭奖。

韩德馨的学术生涯充满了对科学的执着追求以及对真理的勇敢探索。20 世纪 40 年代，韩德馨就对云南东部的山区进行过泥盆纪地层的研究。多年后，他从研究中国特种煤的成因和煤的性质入手，对泥盆纪聚煤作用及古地理环境继续勘测，对云南禄劝中泥盆世角质残殖煤进行煤岩学研究，并命名为“禄劝煤”。1989 年，他在美国举行的国际泥炭及应用会议上作了《中国云南泥炭聚积特征及沉积环境》的报告，受到各国学者的关注，论文被美、法两位著名学者收入他们联合编写的《泥炭、煤成因、相和沉积模式》一书，后又在权威期刊《International Journal of Coal Geology》（《国

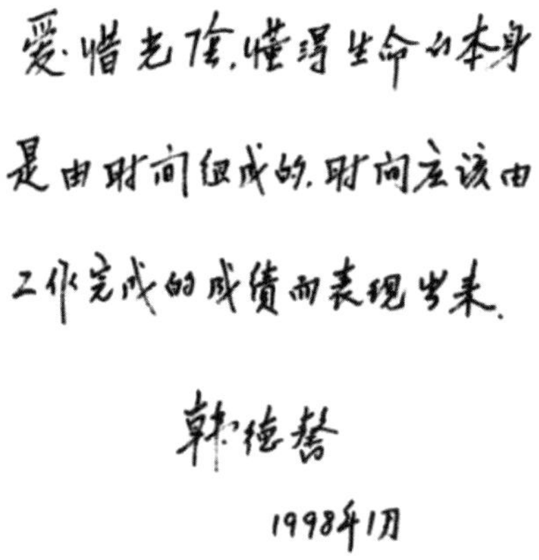
爱惜光阴，懂得生命的本身
是由时间组成的，时间应该由
工作完成的成绩而表现出来。
韩德馨
1998年1月

韩德馨为研究生赠言

际煤田地质杂志》）上发表。

在地质工作中，韩德馨上钻机、下矿井、爬山越岭，足迹遍布大江南北。他所提出的新见解和新思路，既促进了煤田地质学的发展，也有力地指导了煤炭资源的勘探和开发。通过对中国不同地质时期聚煤规律的长期研究，结合各地的具体情况，依据“地壳运动形成的各种构造格局决定聚煤凹陷形成和分布规律”的理论，他提出地壳运动在时间、空间上的演化及其表现形式不同，导致了聚煤环境和成煤作用在时间上的盛衰演化和空间上的规律性迁移，这些迁移具有阶段性、连续性和继承性的特征，从战略上指明了找煤方向。

在煤的地球化学方面，他带领研究生较早地对煤中微量元素的分布、迁移、富集规律及影响因素进行了系统研究。通过对不同地质时代的煤进行系统测试、统计和分析，从成因的角度把煤中微量元素分为原生型、叠加型、流失型、再生型和复合型五种类型，并把煤中不同微量元素在淋滤和燃烧过程中侵入水体和大气的动态规律建立了数学模型，同时在煤中有毒、有害元素的分布规律研究方面也取得了一定的成果。他指导研究生和青年教师把煤岩学的理论和方法应用于煤成烃的研究，系统地研究了中国东部高瓦斯突出煤的煤岩、煤质和地球化学特征，促使煤岩学成为研究开发煤层气和解决矿山安全生产的重要手段之一。

在煤变质研究方面，根据中国具体情况，韩德馨提出了“燃烧变质作用”这种新的类型；对动力变质作用，他强调要加强构造变形与破碎的研究，并以此为依据制定构造动力变质鉴定标志，或采用构造地球化学元素组合来判别构造动力变质的存在和展布规律，应避免采用鉴定深成变质的标志来鉴定构造动力变质作用。

他还提出，中国泥盆纪具有三种聚煤环境类型，并在泥盆纪煤中发现了特征突出的标志性化合物。随后，对中国其他特殊煤种进行了系统研究，根据大量的研究成果，对残殖煤形成于氧化环境的传统认识进行了补充，提出了在还原环境下也能形成残殖煤的观点，从而恰当地解释了特殊煤种残殖煤的成因与组分的特殊性。

学高身正　德馨有英

20 世纪 50 年代，苏联煤田地质专家多洛辛来华讲学，系统地介绍了苏联在煤田地质领域取得的科学成就和积累的宝贵经验，为中国地质学界注入了新的活力。然而，国际形势风云变幻，苏联专家最终撤离。为应对这种形势，北京矿业学院开始走独立培养研究生的道路，韩德馨担任研究生培养领导小组组长，开创独立自主培养研究生的先河。

学校创立初期，相关的教育资源匮乏。为了破解困局，韩德馨亲自编写教材，为学生开设了“煤田地质学”“煤田地质与勘探”等专业课程，并坚持与学生一同实习、一起上山下矿井。实习过程中，他注重采集各类标本，由此布置的煤田地质陈列室吸引了多方人士参观，成为科普与开展爱国主义教育的良好场所。

韩德馨十分注意学生科学基础的训练和人文素养培养，他要求学生不仅要具有扎实的理论基础和宽广的知识面，还要有较强

韩德馨指导博士生实验

的科研能力以及科学求实的学风。他说，治学像金字塔一样，既要有高度也要有宽广的基础，要特别注意文理均衡发展，融合科学与人文精神，培养学生既有灵活的思维和正确的学习方法，也要有严谨的科学态度和科学求实的学风，能使学生博学善思、勤于思考、勇于探索。在做事方面，他也强调“对待工作要有认真负责的态度，不做则已，要做的话必须认真做好，要有责任心、道德心。这种可贵的素质，应该从年轻时培养起来。”

除了专业知识与学习方法的授予，韩德馨也教导学生做人做事的道理。他常给学生讲，在碰到一些困难和曲折时，应该冷静地面对现实，设法加以解决。如果实在一时不能解决，那就采取拿得起放得下的态度，淡然置之，不能任性，更不能感情用事，要学会分析问题、解决问题。他常说，要不畏惧任何艰难险阻、勇往直前，才能克服困难走上平坦的道路，保持乐观、豁达的精神。这也是他自己在生活和研究中的切身体会。

韩德馨回忆起自己幼年时家贫，体弱多病，有幸上学后在老师们的鼓励下坚持运动的经历。正是这份坚持与努力，使他在耄耋之年，依然能够顺利从事研究生培养和学术研究活动。正如他所言：“要保持自己健康的身体。有了健康的身体才有旺盛的生命力，才会精力充沛地为国家贡献力量。”

数十载耕耘，成绩斐然，却依然初心不改，心怀大爱。韩德馨曾将国家补发的工资赠与学校作为奖学基金，并资助边远地区的学校。当主编的《中国煤田地质学》一书获奖后，他兴奋地拿着

韩德馨为毕业生拨穗

400 多元奖金，买了几十本书，送给了曾经对这本书出版予以帮助的人，而他自己却仍然过着相当俭朴的生活。在他八十寿辰时，更是拿出了多年积蓄的稿酬奖金，设立“韩德馨奖学金”，以鼓励和支持中国矿业大学地质专业的优秀学子。

教书育人的一生，带给韩德馨的是桃李满园。截至 2009 年 10 月，他已为国家培养博士、硕士 70 余名，博士后 10 余名，其中有的已当选为学部委员，多人已成为教授、学科带头人或科研教学骨干，接续着先生的事业，致力于煤田地质领域的探索和研究。

（作者：刘晶晶　编修：陈东）

元甘淡泊心常泰　平生耕耘志弥坚

——我国著名矿井通风专家、
矿业安全学科奠基人之一黄元平

黄元平（1923—1997），江西樟树市人，中国共产党党员。中国矿业安全技术及工程学科奠基人之一，博士生指导教师、安全技术工程学科著名专家。1943—1950 年，在交通大学唐山工学院（今西南交通大学）采矿专业学习，毕业后留校任教。1952 年调至中国矿业学院，先后担任采煤系通风研究室副主任、主任和系主任。1991 年被国务院批准为有突出贡献的专家。黄元平长期从事煤矿通风安全技术的研究，解决了煤矿通风、除尘以及防火、防暴等方面的重大技术难题，为中国矿井通风学科和安全技术工程学科的发展、建设作出杰出贡献。

矢志不渝：专注矿井通风关键技术及理论难题

1923 年，黄元平出生于江西省清江县（现樟树市），排行老三，别名黄家麟。他高中毕业后便考入唐山交通大学贵州分校（贵州省平越县）矿冶系学习，后因故休学，直到 1946 年 10 月才到唐山工学院复学，毕业后选择留校任教。1952 年，全国院系调整，他和汪泰葵等人一起调入中国矿业学院采煤系，从事矿井通风等方面的研究。1953 年，北京矿业学院采煤系设立通风安全实验室，黄元平任实验室主任，直到 1980 年任采矿工程系主任时卸任。几十年的科研生涯中，黄元平致力于煤矿通风与安全技术的研究，是我国矿井通风和安全技术工程学科领域公认的著名专家，为该领域学科的发展、建设贡献了毕生精力。

黄元平的学术贡献，主要表现在矿井通风理论及关键技术领域的突破上。他不仅解决了煤矿通风、除尘及防火、防爆、防瓦斯突出等方面的重大技术难题，使得多项成果居于国内领先水平，为该领域的研究树立标杆；更在通风设计方面敢于突破传统，针对压入式进风系统的矿井，创造性地提出了新的设计理论和计算方法，组织开展对攀枝花矿务局所属各矿压入式通风机进风系统进行了全面改造。改造后的通风机运转正常，矿井通风电费大量减少，为压入式主要通风机的电耗、性能计算和布局方式提供了正确的理论依据，推动了矿井通风技术的整体进步。

黄元平作专题报告

矿井通风网络计算是矿井通风设计工作和技术管理的关键。长期以来，其理论与方法的探索之路充满了国内外学者的争议与分歧，甚至笼罩在不可知论的迷雾中。当时的学界普遍认为复杂的通风网络无法计算，或是只能以牺牲真实、精准为代价，简化网络以计算。对此，黄元平选择迎难而上，勇于克服传统理论的局限。经过深入研究，他提出了一整套计算理论、方法和步骤，并被沈阳煤矿设计院、北京煤矿设计院、西安煤矿设计院等一些院所采用，解决了长期困扰业界的相关难题。当时山西杜尔坪矿的新井设计以及辽宁龙凤矿和老虎台矿在扩建设计中所碰到的通风计算问题，都因此得到顺利解决。

尽管理论与方法的提出为矿井通风技术带来了质的飞跃，然而现实中的复杂性与多变性依旧对技术运用提出了挑战。矿井通风网络复杂，通风状态多变，如果实际工作中仅凭经验处理技术问题，难免存在盲目性。只有迅速进行大量计算，才能及时做出正确的技术决策。为此，黄元平编制了多功能矿井通风网络计算软件，先后在芙蓉、大同、开滦、邢台和北京等矿区推广应用，使现场通风技术人员能够掌握识别和操作软件的相关技能，分析计算各种通风技术问题，进而加强了通风技术工作的可预见性，提高了技术管理水平。

在科研的道路上，黄元平始终带着解决实际问题的责任意识。当时北京大安山矿通风系统极其复杂，极不稳定的自然通风使井下风流失控，风量供应不足，常发生缺氧窒息事故，严重影响到矿工的生命安全和产业的生产效率，常规技术理论和方法捉襟见肘。面对这一难题，黄元平挺身而出，率领两名研究生深入现场，经过系统测试、采样分析和大量计算，提出通风系统改造的优先方案和若干技术措施，并于两年后施工改造完成。经过四年的持续攻关，该矿通风状况根本改善，产能实现成倍增长，安全效益显著提升。黄元平教授团队在这一项目中所展现出的技术理论创新，为 1992 年我国修改《煤矿安全规程》有关技术条文提供了充分的论据和成功的范例，具有里程碑式的意义。

在黄元平看来，应对煤矿生产包含的诸多不安全因素，就要掌握防控井下空气污染、防火、防水、防瓦斯和煤尘爆炸等一系列问题的矿井通风技术，从而迅速、准确、全面应对各种不安全因素的

工作现场留影

动态变化，并及时采取对策。基于这一考量，他先后为东庞矿、白皎矿和唐山矿建立了通风安全信息管理数据库（具有存储、检索、打印、报表、传输、评估等功能），后续在此基础上进一步开发了包含通风、防瓦斯、防灭火、防尘等 25 个数据库在内的矿井通风安全信息管理系统。

针对煤尘的危害，他专门带领团队对湿式除尘机理做了深入的理论分析和大量实验测试，得出了宝贵的数据与结论，极大地丰富了该学科的理论体系。此外，团队还首创了一种新型除尘设备，以高效除尘、体积小、操作简便及低能耗等显著优势，在实际应用中取得了显著的效益。

高屋建瓴：破解煤矿安全生产困境

解决煤矿生产安全是一个系统问题。必须从政策和制度层面做好规划，才能为解决问题提供根本保障。

自 1983 年起，黄元平先后担任中国劳动保护科学技术学会理事会理事、常务理事、副理事长，积极领导并参加学会的各项活动，为学会建设出谋划策，努力推动安全生产、改善矿井作业环境、保护劳动者尤其是矿工的安全与健康等工作。

矿井如果没有相应的配套设施、设备，就不能保障安全生产，而这些安全技术措施离不开资金的投入。在计划经济向市场经济过渡的一段时期，国家给予煤炭生产两种补贴：一是煤价补贴，二是煤矿安全投入。国家每年都拿出专项资金来用于煤矿的安全技术措施。黄元平一直呼吁："安全投入什么时候也不能取消！"一旦煤炭企业的安全投入少，不仅安全生产得不到保障，不少安全条件较差的煤矿也根本不能生产。

当时，我国不少煤矿都装有遥测仪表，以便清楚地把握井下瓦斯情况。黄元平说："这些仪器每套几十万元，过去都是国家出资装配起来的，已经处于老化或报废阶段。尤其是我国西南和东北的一些煤矿，瓦斯含量普遍较高，并且还有煤与瓦斯突出现象，即在短时间内煤炭和瓦斯能够从煤层中突然喷发出来，最大喷发量可达 1 万多吨煤炭和几百万立方米瓦斯。对于这种极为复杂的现象，如同地震一样，半个世纪以来，人们已经采取了许多技术措施，但迄今还不能说有了很准确的预测预报方法和可靠的预防措施。对于瓦斯大的煤矿，不仅需要大功率的通风机供给井下风量以冲淡瓦斯，还需要预先把一定数量的瓦斯从煤层中抽放出来，然后才能生产。此外，防火、防尘、防水等方面的技术措施，也都需要一定数量的经费才能进行。"

而确保经费的投入，在不同的矿区都面临困难。面对市场经济环境下安全投入持续性的挑战，黄元平创造性地提出了“安全统筹费”的设想：搞统筹——不论任何矿井，每出一吨煤按售价 1% 提取安全统筹费。这笔钱由国家统一管理，根据各矿自然的安全条件好坏，分别拨款专供安全技术措施使用。他深谙煤矿间自然条件的千差万别，如果采取差异化的政策，条件差的矿井很有可能无法参与竞争、进入市场，有的甚至无法生产直至关闭。长此以往，我国的煤炭产量势必下降，不能满足国家建设的需要。

煤矿的安全投入关系到千百万矿工的生命安全，关系到国家的生产建设、国计民生。切实贯彻“安全第一，预防为主”的方针是搞好煤矿安全生产、防止灾害事故的关键。必须摸清煤矿到底存在哪些安全隐患，集中力量把各矿的隐患分类分析对应。对此，黄元平提出了较为可靠的建议：全国煤炭行业有 10 多所高校和若干所中专，都有一定数量的通风安全专业教师，可以发动他们中的一部分人按地区就近分片包干，代表煤炭部到各矿对灾害、事故隐患进行深入调查，定期详细写出隐患种类、原因分析、预防对策的调研报告。在黄元平看来，这些同志都有宽广的专业知识和扎实的理论基础，有能力发现问题，只要有关部门统一规定调研内容的要求，并给予经费保障，相信他们一定会本着为煤矿安全生产服务的精神出色地完成任务。

春风化雨，润物无声。不管是行动还是建议，都体现了黄元平对煤炭生产安全事业强烈的责任感和使命感。

科学规划：奠基通风安全学科

在采矿工程专业的教学培养计划中，通风安全课程的学时安排相对有限，仅有 100 学时左右，这就导致学生分配到煤矿时，面对通风、防瓦斯、防火、防尘、防水、救护等一系列复杂的安全问题时，深感所学知识的匮乏。为了从根本上解决这个问题，黄元平暗下决心：煤炭行业院校要争取设立通风安全专业，为煤炭行业培养一批安全专业技术人员。

然而，开办一个新专业并非易事。首先，国外无此先例，美国没有，苏联也没有；再者，须取得学科诸多专家的认可，并须有关部门批准才行。为了做好准备，黄元平亲自到清华大学的采暖通风专业和环境保护专业进行调查，并得出结论：这两个早已成立的专业，在专业范围、专业内容、工程规模、研究的课题等方面，都没有煤炭行业的通风安全工程复杂，另外每个煤矿都有通风安全的专职机构，很需要专业人才。

1979 年，汪泰葵、黄元平、王省身三位安全学科的教师联名写信给当时煤炭工业部部长高扬文，提出在煤炭高校建立通风安全专业的建议，得到了高扬文部长以及后来安监局赵全福局长、教育司梁东司长的赞同和支持。最终，在煤炭工业部和国家教委召开的高等院校专业调整论证会上，黄元平力陈己见，取得了与会专家的认可。

1982 年，国家教委与煤炭工业部共同批准了中国矿业学院试办“煤矿通风安全”专业，这一举措标志着我国矿山安全教育开启了一个崭新的篇章。次年，该专业开始正式招生。接着，淮南矿院、湘潭矿院、西安矿院等校相继设立“煤矿通风安全”专业，为矿业领域的安全生产培养了第一批优秀人才。

为建设好该专业，黄元平组织通风安全教研室一批教师编写教学用书和讲义，并同汪泰葵、王省身等几位教授重新审编或主编了一系列教学用书。其中黄元平撰写或主编专著、高校用书、工程手册、百科全书、培训教材和讲义等达29种，代表性的有：《矿井通风计算》《矿井通风动力与阻力的关系与应用》《矿井通风阻力及其测量》等。他还主持了《煤矿安全规程》《煤矿安全规程的执行细则》《煤炭科技名词和定义》的审阅工作。据俞启香教授回忆：“我们教学的课本以及教材的体系都是自己最先编写的。一开始上课用的是讲义，后来成熟了才修编成教材。一本教材要经过几年的试用，只有当学生和读者都满意了，才能够出书。也就是一本书的内容、论证都比较成熟了，才能够出版。”

黄元平还精通英语、俄语，多次赴美国、俄罗斯、澳大利亚等国家进行讲学、科研合作与交流，并以我国代表成员和论文作者的身份参加了第21、22届国际采矿安全科技大会。作为学科的主要创建者之一，黄元平充分利用各种学术交流的机会，积极为学科的发展贡献智慧。在黄元平等人的长期耕耘下，我校创立并完善了矿业安全学科从本科到硕士、博士的人才培养体系。安全技术及工程学科于1986年获得首批博士硕士学位授予权，1988年被批准为煤炭工业部首批国家重点学科,1994年再次获批国家重点学科。我国在世界上首创了安全科学技术一级学科，从而确立了我国安全科学技术在国际上的地位。

黄元平治学严谨，深受学生爱戴，在为煤炭教育事业辛勤耕耘的47年中，为国家培养了大批高素质人才，到了晚年病重期间仍坚持指导学生,关心教学与学科发展，那份对教学的热爱与对学科发展的深切关怀，令人动容。1986年7月，黄元平被国务院学位委员会批准为博士生指导教师，率先招收了该专业的硕士和博士研究生，先后培养博士后2名、博士研究生12名、硕士研究生17名、青年教师11名。他们中的很多人已经成长为推动学科发展、培育新一代人才的中坚力量。

黄元平与博士生们

附：

临别赠言
——黄元平先生与毕业生共勉

认真负责工作，积极努力创业。
始终勤奋学习，日益摄取良知。
宁愿两袖清风，但求一身正气。
不辞艰辛奉献，志在振兴中华。

（1991 年 4 月 16 日）

古稀抒怀

经历人生旅，风雨波涛慰幸运。
越过古稀年，万事知足感安宁。
赞美新形势，喜见夕阳多绚丽。
憧憬远前程，何虑时空近黄昏。

（1993 年 3 月 1 日）

（作者：王恩元　孙留涛　傅贵）

在地质这块硬土上，他一掘就是一生

——我国煤田油气地质与勘探学科奠基人何锡麟

何锡麟（1924—2021），江西省定南县人，中国共产党党员，我国煤田油气地质与勘探学科奠基人。1952年毕业于北京大学，后任职于中国矿业学院。长期从事地质教育及科研工作，在煤田预测、石炭二叠纪地层及古生物领域的研究卓有成效，发表学术论文100余篇，著有《普通古生物学》《内蒙古准格尔旗晚古生代含煤地层与生物群》《山西太原东山晚古生代地层划分对比及古生物研究》《地史学简明教程》等书，先后获省部级奖励8项，其中，参与项目“南方九省煤田预测”获煤炭工业部科技进步特等奖，主持项目“腕足动物化石一新类型及其系统分类”获煤炭工业部科技进步一等奖。

弃医从理，从此与地学结缘

1924 年 8 月，何锡麟出生于江西省定南县的一个普通农村家庭。1947 年，从赣南正气中学毕业后，他考取国立中央大学医学院。1948 年春，一个偶然的机会，他在《大公报》上看到第 18 届国际地质大会在英国伦敦召开的报道，中国代表团团长孙云铸（时任北京大学地质系主任）关于地层古生物学的报告深深折服了何锡麟，他下定决心要考取北京大学地质系，立志有一天要在国际大会上做自己的研究报告。

1948 年 8 月，何锡麟再次参加考试，顺利考取北京大学地质系，开启地学生涯。求学四年，他不仅掌握了专业知识，也学好了英语。据他回忆，当时教材均为英文原版教科书，教师进行英文授课，本科毕业论文也一律要求用英文写作。如此全英文教材和授课对于刚进入大学的何锡麟来说很难适应，于是他们那一级十几名学生分工合作，在课前就对每章内容进行翻译、预习、讨论，不仅练就了极高的英语水平，在听讲时也能有的放矢，效率倍增。到二年级时，他已经能熟练使用英语书写作业与实验报告。何锡麟后来经常说："语言的知识就是通往智慧的大门，我们还学习德、法、俄等第二外语，这样才能跟上学术前沿的步伐，才能展开国际交流合作，只有通过交流掌握最新动态，才能让我们的研究更严谨有效，才能在世界上掌握主动权。"

求学期间，何锡麟还积极参与相关学术团体的工作，担任北京大学对外通讯组组长。地质系主任孙云铸当时是中国地质学会秘书长和中国古生物学会的理事长，经由他的推荐，1950 年 9 月起，何锡麟担任两个学会的专职秘书，协助处理学术年会相关事宜，发布会议通知、收集回信、布置会场等。同时，他还是国际地科联、国际古生物研究会的团体会员。这些学术任职，也为他以后从事古生物研究工作奠定了良好的基础。在学校学习专业知识之外，他利用一切机会参加实践调查，跟随地质调查队赴燕山、松花江、周口店等地开展资源勘探，为大型矿藏勘探古生物群发掘工作作出贡献。

孜孜不倦的求学经历让何锡麟早早地树立起自己的毕生信念："毕业后不止于温饱，定要有所作为，成为影响世界的古生物学家，穷尽所学为国家寻找资源，为建设出一份力。"他是这么说的，也是这么做的。

就读北京大学地质系二年级的何锡麟在实验室做铀矿分析

身体力行，为地质学科建设铺路

在地质这块硬土上，何锡麟一掘就是一生。别人眼里的冷板凳，却是他心中最珍爱的乐土。

1952年，何锡麟毕业分配至中国矿业学院任教。那时，中国矿业学院还没有地质系，开设的地质专修科附设在采矿系下。学生入学后，没有地质标本、没有地质教科书，所用的实验标本是从北京地质学院借的，专业建设形势不可谓不严峻。

"靠借用标本办学终非长久之计。"何锡麟看在眼里，急在心里。1953年暑假，他和高文泰老师义无反顾地踏上了标本采集之路。让他最难忘的，还是在香花岭的标本采集经历。当时他们从北京坐火车到达湖南郴州，又转乘汽车到桂阳县，雇了马匹前往香花岭等偏远山落，一路风餐露宿，不畏艰难。但当他们向癞子岭进发时，从老乡处得知此处前几天发生了老虎咬羊的事情。何锡麟从小生活在南岭山区，他分析了老虎的习性，认为老虎并不会轻易攻击人类，两人这才继续采集工作。就这样，他们克服了重重困难，在香花岭工作了7天，采集了20余种矿物、岩石标本，共装载30余箱。

随后，他又前往湖南、河北等地采集地质、岩矿和古生物标本，协助图书馆采购地质图书，这才基本满足了本科生的教学需要。1953年，北京矿业学院地质系正式挂牌成立，同年招收首批本科生

120 人。何锡麟还作为代表参加了全国地质教育计划的修订工作，在苏联专家指导下修订了全国统一的工科地质教育培养计划及各科教学大纲。

何锡麟常说，地质人要干一行爱一行，要有“顶烈日冒酷暑，踏遍青山为人民”的志气。他始终身体力行，带着同学们一起跑野外、搞调查。沈南地区三万七千多平方公里的（1:100000）综合地质调查和综合地质制图、苏南（长江以南）地区近 1 万平方公里的（1:50000）地质制图和地质矿产调查……这些现场工作，不仅大大增强了学生的野外实际工作能力，也为相关地区矿产资源勘探和开发提供了重要的一手资料，让矿院师生收获了广泛好评。

作为煤田地质领域的新秀，20 世纪六七十年代，何锡麟应中国科学院自然资源综合考察委员会的邀请，参加西藏综合考察队，在

何锡麟（左三）于华蓥山二叠地层古生物野外考察时留影

喜马拉雅山工作了半年，承担相关地质矿产考察工作。面对极端荒凉的无人之境，他感慨道“大有可为”。他还应中国煤田地质局的邀请参加南方九省（缺煤省）的煤田预测，并担任江西省预测组科学顾问，相关成果获得煤炭工业部科技进步特等奖。

因为对工作的热爱，何锡麟总能乐观地面对工作中的艰辛。1970 年，学校迁至四川三汇坝华蓥山下办学，这里环境恶劣，生活条件极端艰苦，但他却把含有完整二叠、三叠系地层的华蓥山当成地质研究的圣地。何锡麟笑言：“北京大街上是搞不了地质的，地质工作就应该在大山里做，我们学地质的本就是艰苦专业，不怕苦。”他不仅不怕苦，还要自加压力“苦上加苦”。完成教学工作后，他带领同事、学生一起，背着水壶、馒头、咸菜，走进山间进行野外考察，寒来暑往，大家亲眼去看、亲手去挖，十年间把华蓥山翻了个“底朝天”，把地层构造弄得清清楚楚。

何锡麟对地质工作充满热情并总是乐在其中：“那时工作条件很艰苦。因为缺氧而头晕眼花，吃不下饭，还面对着野兽与可能存在的动乱残匪的威胁。所以我们一面做地质和资源调查，一面进行战斗训练。这让我在政治、思想、业务能力上有很大长进。”

潜心地层研究，引发国际古生物界关注

何锡麟在地层、古生物研究领域颇有建树，相关研究成果在国际上收获广泛好评，尤其是他所创建的腕足动物门中的一个新的

何锡麟正在研究一批二叠贝（腕足动物）化石

超科，更是广受国际古生物界的关注。

我国地质界长期在苏南五通组的时代问题上争论不休，“五通组全部为泥盆纪”一度成为主流性意见。1955—1959 年，何锡麟在五通组顶部的砂页岩中发现了大量早石炭世的腕足动物，经过缜密的分析和研究，他提出五通组顶部包括下石炭统底部的地层，并建议把五通组解体，把五通组顶部含早石炭世化石的地层分出建立擂鼓台组，下部地层保留五通组名称，划归为晚泥盆纪。20 世纪 70 年代，何锡麟结论的正确性被孢粉及其他化石的研究成果证实，其观点在当下已成为地质学界的共识。

二叠贝是一种拥有奇特形态的化石，当时，日本、外高加索及马来西亚已经发现了相同的化石，却没有人能做深入研究，也未纳入哪个门类。何锡麟与妻子朱梅丽十年如一日，在江西杨桥一带开展南方煤炭会战时，从龙潭组采集了数枚化石标本，“我们从壳体结构和形态方面着手研究，认为二叠贝属于腕足类动物门，这是国际上首次厘定二叠贝的分类归属。”1979 年，两人一起命名了二叠贝 (Permianella He and Zhu, 1979) 这一新属，创建了腕足动物门中的一个新的超科——二叠贝超科 (Permianelloidea He and Zhu, 1979)，这是当时中国学者在化石分类学中创建的唯一一个新超科，中英文对照发表的研究论文很快被美国斯密森研究院世界腕足动物研究中心收录，并被当时国际最新的权威分类系统丛书《无脊椎动物化石论丛》采纳。为此，1981 年中国古生物学会委托学校主持召开了“华南二叠纪腕足动物专题讨论会”，这让地处华蓥山的四川矿业学院声名大振。

“华南二叠纪腕足动物专题讨论会”全体代表合影
（前排右五为何锡麟）

中国的石炭系 - 二叠系界线长期以来划在栖霞组之底，与国际标准划分明显不同，20 世纪 80 年代之前，华北地区太原系（组）时代长期被中国权威学者界归于晚石炭世。1984 年，在太原召开的华北晚古生代含煤地层讨论会上，何锡麟提出“把太原组一分为二”的观点，太原组下部（1/3）归上石炭统，中、上部（2/3）归下二叠统。在著作《内蒙准格尔旗晚古生代含煤地层与生物群》中，他首次提出华北型晚古生代地层建阶工作，将华北石炭纪地层自下而上划分：田师付阶、本溪阶、晋祠阶，将二叠纪地层建立太原阶、山西阶、石虎子阶、西山阶和孙家沟阶，共 8 个阶。全国第三次地层会议基本采纳了以上意见，并正式把太原阶划归下二叠统。此外，地质界及教科书上都认为本溪组地层全部属于中石炭统，他指导的博士生范炳恒在多地发现该地层下部含有早石炭世晚期

何锡麟（二排左二）出席第 11 届国际石炭纪地层地质大会

地层。

创新成果不断涌现，一项项具有开拓性的突破接踵而至。1987 年，在北京召开的第 11 届国际石炭纪地质大会上，何锡麟挑战学术权威，指出“中国目前的石炭 - 二叠系的划分是独此一家，别无分号”，应该采纳更利于国际对比的划分方案。他这一超前的学术认识对我国石炭 - 二叠纪地层的划分影响深远，目前已经成为同行们采纳的主流观点。

何锡麟在古植物研究领域也取得了令人瞩目的成果。他收集了我国大量二叠纪含煤地层标本，用板块构造理论首次全面讨论了东亚华夏植物群与欧美植物群、安加拉植物群和冈瓦纳植物群的关系。在获取文献困难的时代，他追溯了中国多种重要植物化石的分类系统历史，纠正了国内外多位专家在鉴定中的错误，他和学生一起描述了一批新的植物类群——包括一个新超科、一个新科和多个新亚科、16 个新属和数十个新种，大大丰富了我国华夏植物群的资料宝库。

而每每谈及学术上取得的众多成就，何锡麟始终把党和人民的培养铭记在心，大学读书期间，他没有交过一分钱的学杂费和饭费，他常说：“没有党和人民的培养，就没有我的今天。”

育人路上，总是桃李芬芳

在矿大近半个世纪的教学生涯中，何锡麟先后为地质、水文和

何锡麟（前排左二）指导博士论文答辩

物探专业的本科生和研究生讲授了“古生物学”“地史学”“大地构造理论基础”“腕足动物研究新动向”等 13 门课程，共培养出 13 名硕士生和 13 名博士生。

在人才培养上，何锡麟有自己的一套方法。他不仅要求学生在专业上下功夫，也十分注重提升学生的英语水平，为他们之后的发展打下坚实的基础。1983 年，何锡麟晋升教授，国内各院校很多学生想报考他的研究生，竞争十分激烈，其中就包括现中国科学院院士沈树忠。何锡麟曾回忆，沈树忠为人踏实勤奋，但因毕业于中专学校，基础并不是很好。“有同事建议我另觅高徒，但是沈树忠的英语考试成绩很高，正是看中这一点，我力排众议录取了沈树忠做我的研究生。”事实证明，何锡麟确实独具慧眼，沈树忠现已成为国际上二叠纪地层研究方面的顶尖人物，并为国际古生物研究作出重要贡献。

在工作实践上，何锡麟的要求也极高，每个研究生做学位论文前一年都要到野外搞地质调查，测制地质剖面，采集化石和样品。而他也总是和学生一道跋山涉水，进行野外指导。据沈树忠回忆，何老师野外功夫了得，年轻人都跟不上他的步伐。1997 年暑期，73 岁高龄的他带领自己最后一位博士生，冒着酷暑在贵州高原北部搞调查，每天早出晚归，一干就是 10 来个钟头，光来回爬山就要走四五十里路，一待就是 2 个月。在这样扎扎实实的锻炼下，何锡麟带出来的学生既能吃苦又很有自己的创新主见，他们毕业后活跃在学、政、工、商各界，很多在高校任教的学生，逐步成长为教授，有的当上了博导，有的当上了党政干部，有的被评为全国优秀教师，不少人成为国内外行业领域内的顶尖人物或知名学者。

何锡麟发现，学生石光荣在腕足类研究上很有潜力，便推荐

何锡麟（左三）在豫西指导应届毕业生实习

他到澳大利亚昆士兰大学跟随世界知名的腕足动物学家 Bruce Waterhouse 教授学习。石光荣后来也成长为国际著名的腕足类专家，在澳大利亚伍伦贡大学获得终身教授职位，并长期担任多个学院的院长。兰州大学的孙伯年教授曾跟随何锡麟学习二叠纪古植物，后成长为我国知名的古植物学家。中国矿业大学的秦勇教授，成长为国内著名的煤层气地质学专家，获得过多项国家级和省部级科技奖，并曾任中国矿业大学副校长。中国矿业大学的曾勇教授、隋旺华教授成长为国家教学名师，朱焱培教授、于景邨教授、朱炎铭教授和桑树勋教授等都成长为不同领域的学科带头人。如此栽育桃李，为的就是让所热爱的事业薪火相传。何锡麟还十分关心青年教师的成长，鼓励他们独立思考、勇于创新。他不但力荐青年教师的学术稿件，还经常在深夜为青年教师审稿、修改英文摘

何锡麟先生 90 寿诞师生合影

要，备受青年教师的尊重和认可。他领导的古生物地层教研室也上下拧成一股绳，除了认真备课、努力教学外，还鼓足干劲搞科研。1988 年至 1997 年，他们出版了 8 本学术专著，主编了 3 本高校规划教科书，发表了 100 多篇学术论文。在 1989 年国际古生物协会出版的《世界古生物专家人名录》中，学校有 6 位教师列入其中。

何锡麟把科学研究视为其毕生追求的事业。耄耋之年时，他仍然坚持每日阅读专业书籍与文献，他常说，“地质人看到山就很喜欢”。他也像是一块石头，在山上一扎就是一生。从事地质事业不仅充实了他的精神世界，还带给了他极为强健的体魄。95 岁高龄时，他仍坚持每天走路 3 公里，讲话思路亦十分清晰。沈树忠院士说：“恩师一生淡泊名利，总是置身于自我陶醉的学术天堂，到了痴迷和忘我的境界。即便到了近百岁的高龄，我们每次在一起，谈论的仍然是学术问题和研究进展。”何锡麟告诫青年人：“有志者，事竟成。地球科学是大有可为的学科，无论从事什么行业，一定要对自己的专业有信心，勤奋学习，胸怀大志；奋发图强，铭记历史；面向国际，面向未来！”

（作者：袁东勋　沈树忠　编修：李秀）

深耕科教，为矿业安全奋斗一生

——我国著名矿井通风防灭火专家、矿业安全学科奠基人之一王省身

王省身（1926—2010），河南省宁陵县人，中国共产党党员，我国著名矿井通风防灭火专家。1950 年毕业于焦作工学院，1954 年在波兰克拉科夫矿冶学院获硕士学位，回国后在北京矿业学院从事教学研究工作。曾任中国劳动保护学会常务理事，中国煤炭劳保学会常务理事和矿井通风专业委员会主任委员，高等教育安全工程专业教学指导委员会副主任委员。我国矿业安全学科的创始人之一。出版《矿井灾害防治理论与技术》《矿井火灾防治》《矿井通风学》《中国煤矿通风安全工程图集》《煤矿总工程师工作指南》等多部著作，发表论文 60 多篇。1989 年被评为全国优秀教师，1997 年荣获全国优秀教学成果一等奖，先后获得省部级科技奖励 5 项。

紧跟时代，立报国之志

1950 年，王省身毕业于国立焦作工学院采矿系。刚刚成立的新中国，百废待兴，煤矿行业面临着基础设施落后、资金短缺、国际封锁造成的技术落后、生产安全风险巨大等种种难题。王省身深刻认识到人才是制约矿业发展的关键因素，决心将个人发展融入国家事业，在矿业开采、矿业安全行业的研究与教育教学中奉献自己的毕生精力。

1951 年，在国家的支持下，王省身听从祖国号召“走出去”，作为新中国第一批派遣留学生赴波兰克拉科夫矿冶学院学习。波兰

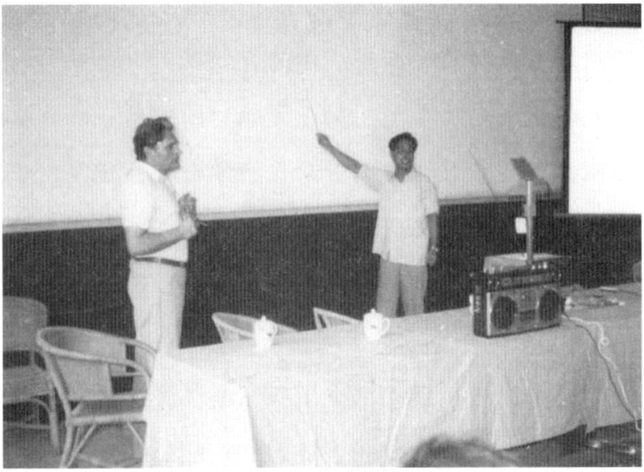

王省身（右）和波兰矿山救护总站站长库库齐卡在我院采矿系共同授课

波兰专家组来中国矿业学院访问讲学（右一为王省身）

煤炭资源丰富，采矿行业历史悠久，具备优秀的采矿技术和先进的煤炭安全管理水平。对王省身而言，此次留学之旅不仅意味着自身学术知识的储备与增长，还承载着对国家矿业发展的责任与使命。1954 年获硕士学位后，他带着在波兰积累的先进矿业技术与完善的安全生产相关理论，进入北京矿业学院采煤系矿山通风与安全教研室任教，自此开启了长达 50 年的矿业安全科教生涯。从讲师、副教授、教授再到博士生导师，从采矿业求学钻研者到矿业安全学科学术带头人，他将自身所学与实践经验融会贯通，满腔热情投身于学科体系建设与专业人才培育的工作中去。

迎难而上，创安全学科

煤炭开采是一个特殊行业，井下作业环境恶劣、设备技术落后。20 世纪 70 年代末，我国产煤百万吨死亡率与发达国家相比较高，解决人员安全保障难的问题是矿业发展的首要前提。王省身深刻认识到，想要改变我国煤矿安全面貌、保证采矿工业的安全发展，必须创建矿业安全学科，大力培养矿业安全人才。为此，他积极推动向煤炭工业部提出创建煤矿通风安全专业的建议。1982 年，经国家教委和煤炭工业部批准，中国矿业学院在全国首创了煤矿通风安全专业。1955 年，王省身作为安全学科的创始人之一，牵头学校“211 工程”的安全学科建设工作，组建了国家煤炭工业安全工程重点实验室。

创立专业是矿业安全行业发展的基石，加强内涵建设则是安全行业行稳致远的关键。专业应该设哪些课程、学时如何分配、课程教学体系如何构建等，都是建设道路上亟待解决的问题。王省身等人带领着矿业安全学科“白手起家”，深入调查清华大学、北京大学、北京工业大学、重庆大学的近似专业，研究了他们的课程体系，详细分析了发达国家和我国矿山灾害防灾减灾的历史经验以及最新安全科学的进展。他还提出将采煤系矿山通风与安全教研室凝聚在一起，手把手地培养青年教师，推动安全学科得到最大程度的发展。不因空白而停滞不前，不因落后而轻言放弃，王省身在探索专业建设的道路上一步一个脚印，把握前行方向，与团队扎扎实实地为我国采矿工业筑牢安全地基。

专业创立后，王省身秉持着"教材是课程教学与培养高质量人才的基础"这一准则，将教材建设作为重点任务落实。围绕"一通三防"为主的课程体系，他主持编写了国内外第一套矿山通风与安全本科专业的教学用书，出版了《矿井灾害防治理论与技术》《矿井火灾防治》《矿井通风学》《中国煤矿通风安全工程图集》《煤矿总工程师工作指南》等多部著作。从无到有、从单科到系列课程、从单纯课本教材到辅助配套参考书，完善的矿业安全本科教材体系的形成，有效填补了这一领域的空白。及至当下，他编写的部分教材仍具备较高使用价值，成为安全专业教学的示范资料。

王省身同样重视学科体系建设。在王省身等人的努力下，矿业安全学科完善了从本科到硕士、博士三种不同层次的完整教学

王省身在指导研究生

体系，并建立了不同的培养规划。他常常对学生说："矿井研究要根据现场特点来开展。"为了培养高质量的矿业安全人才，在先前创建的矿业安全本科教学体系的基础上，他秉持着"以科研带教学，以教学促科研"的原则，言传身教，让研究生们在"真刀真枪"的现场磨炼中得到显著提升。

王省身严以律己，更以"严要求"关照指导每一位学生，这是他对自身教学事业的责任心，也是对矿业安全学科人才培育的期许。"王老师经常与学生交流学术的概念和思想，只有我们彻底搞明白了他才放心，倘若功课做不足也会受到严厉的批评。他给予我们的不仅仅是学术上的指引，还在潜移默化中将自己对学术和科研的热爱毫不保留地传递给了我们。"回忆起与老师的交流时光，安全学院王德明教授是这样说的。现任南京工业大学校长的蒋军成教授博士期间师从王省身，从事矿山火灾防控理论与技术方面的研究，回想起与老师的初次见面，印象最深的便是摆满书房的图书文献和技术资料，"作为学生身处其中时，能感受到王老师学术生活的平静与安宁以及孜孜不倦的专业追求。王老师在交谈时随和地询问了我对所学专业的理解和未来研究方向的思考，并勉励我'要大量研读国内外文献资料，研究工作要紧盯国际前沿，要知行合一，融入团队'"。正是这次交谈，将蒋军成引上了学术道路，也愈发坚定了他从事安全事业的决心。

1989 年王省身获评全国优秀教师，1997 年荣获全国优秀教学成果一等奖。他任教至 70 岁才退休，将自身所学毫无保留地传授

王省身和博士生王德明、蒋曙光、陈开岩

给学生，将心血全部倾注于我国煤炭安全高等教育，所培养的安全学科人才在国内乃至国际安全行业都取得了重要成就。

埋头苦干，攻科研难关

进入新世纪以来，随着矿井现代化建设的发展，煤炭行业生产规模持续扩大，大型与特大型矿井数量显著增加，机电设施与设备也日益增多，这些不仅导致矿井风网结构的复杂化，还带来了可燃物种类与数量的急剧增长。如此情形下，依赖救灾指挥者个人经验的传统救灾方式，难以满足高度复杂的救灾决策需求，引入科学、高效的救灾决策机制可谓迫在眉睫。此外，在矿业安全领域，决策失误往往伴随着极严重的后果，这种压力使技术人员在表达观点时顾虑重重，不敢轻易发声。面对这样的情况，王省身提出建立“矿井火灾救灾决策支持专家系统”，利用先进的信息和计算机技术开展现代化的救灾决策研究。该系统以决策支持系统理论为指导，通过建立反映矿井开拓、通风、安全等客观条件的数据库、图形库，反映专家救灾经验的知识库，与一般救灾专家系统相比，更加强调其“支持”作用，采用人与计算机互补、共同作用的技术路线，能更有效地辅助决策。

在研制“矿井火灾专家系统”的过程中，如何解决实战能力弱的问题是王省身团队面临的首要考验。为此，王省身在全国范围召集具备丰富现场经验、实战经验的安全行业优秀人员，实地研讨平顶山等地区矿井的火灾安全问题。他总是全身心地投入其中，力争落细、落实每一处技术方案。蒋军成教授回忆起一次国家自然科学基金重点项目课题实施过程时的经历，说：“王省身老师始终和课题组的师生一起反复研讨如何合理制订实验研究方案，认真推敲方案技术的合理性和可行性，有时研讨得很晚，甚至错过饭点。”他还细致观察矿井火灾内火的颜色，肉眼辨识出青色、黄色、黑色等火光颜色，并对不同颜色所代表的状况进行了区分，在实践中不断丰富专家知识库。

作为国内煤矿均压防灭火技术的首倡者，王省身被誉为“矿业火神爷”，先后主持了“电子计算机在矿井通风管理中的应用”“矿山多用液压起重器的研制”“无煤柱开采防灭火研究”“提高矿井通风系统抗灾能力的研究”“煤矿沼气（即瓦斯）爆炸安全距离的

王省身作为专家进行项目评审

研究”“采场通风方式与瓦斯运移规律的研究”“煤矿火灾救灾决策控制系统的研究”“矿井火灾过程理论模型及其救灾决策系统研究”等多个学科前沿课题，获得了煤炭工业部、劳动和社会保障部、教育部的科技进步奖，使该项技术成为煤矿内因火灾防治的主要方法之一。

矿井通风安全问题也是王省身团队的研究方向。在煤矿里，通风的任务是向用风地点输送适量的新鲜空气，稀释和排出各种有毒、有害气体与浮尘，从而创造良好的生产条件，特别是在发生灾变时，能够根据救灾的需要控制与调度风流。为了有效解决矿井通风安全问题，王省身在担任中国煤炭工业劳动保护科学技术学会矿井通风专业委员会主任委员期间，不仅积极组织国内矿井通风与安全的专家和工程技术人员，针对我国煤矿安全中的重大科技问题开展学术研究，还肩负煤炭工业部的委托，领导了全国性的煤矿反风技术试验和提高矿井主要通风机运行经济效益的研究工作。

1988年起，年逾花甲的他仍奋战在煤矿安全生产的第一线，先后10余次赴新疆、宁夏、内蒙古等煤田火灾现场考察。他还前往大同、平顶山、开滦等煤矿实地考察，进行现场布阵，亲自对通风阻力测定方案进行审批，监督现场基础参数的获取与通风机性能测定，认真抓住每一个细节。通过对现场187个矿井的反风演习、试验与总结，他结合现场情况与技术条件，质疑原先演习中60%反风率的安全标准，并通过严格的测试报告与全国安全行业的专家进行讨论，提出了新的矿井反风理论和有关重要技术参数，并修订了《煤矿安全规程》的相应条款，制定了《矿井反风技术条例》。

此外，王省身始终将科研和学术交流紧密结合在一起，与国内外同行学者建立了广泛联系。他多次参加煤炭部组建的专业考察组，赴波兰进行技术考察和学术交流，同时担任“大同煤矿灭火组”专家技术顾问，协助专家组完成了煤峪口矿大面积煤炭自燃火灾的“百年大火”灭火任务，该项目获国家科技进步二等奖。1988年，由于国际学界对其“扎实好学、恪尽职守”的评价，他被由波兰发起的、有35个国家参加的国际矿山救护科学协会聘为荣誉会员。2009年5月，波兰驻中国大使馆特别邀请他出席波兰国庆日招待酒会，以褒扬他为中波科教交流事业作出的贡献。

相较于自身的“走出去”，王省身也注重行业内学术交流的“引进来”，他曾积极领导与美国、俄罗斯、波兰、日本等国安全行业的国际合作，邀请美国编程专家来协助解决我国矿井通风计算机网络的计算，突破技术局限，大幅度降低了我国矿井安全问题的死亡率。在他的号召与呼吁下，中国矿业大学安全学科与山东科技大学、安徽理工大学等高校相关学科形成了“一个完完全全的共同体”，在交流与互助中不断前行。

师德为本，热爱至上，育人为先。王省身将自己的一生都献给了煤炭科教事业。他是学生的引路人，点燃火炬，为矿山研究的新兴一辈引路领航；他是矿业安全的守护者，披荆斩棘，生动践行推动行业发展的时代使命。

（作者：王德明　胡潘一凡　张鑫　王灿　编修：刘尊旭）

做学问就要顶天立地

——我国“干法选煤之父”陈清如

陈清如（1926—2021），浙江省杭州市人，中国共产党党员，中国工程院院士。1952年毕业于唐山交通大学，1958—1960年被国家派往前苏联莫斯科矿业学院进修。曾任中国煤炭学会选煤专业委员会名誉主任委员，中国煤炭工业协会高级顾问，中国煤炭技术咨询委员会名誉委员等职务。长期致力于选矿理论与技术研究，是矿物加工学科的奠基者和开拓者之一，出版《中国洁净煤》《选煤机械》《干法分选与洁净煤》《筛分和重选理论及其应用的新进展》等论著，获省部级以上奖励共13项，其中，国家科技进步二等奖2项、国家技术发明三等奖1项。被誉为“干法选煤之父”。

少时立下报国志　结缘选煤担使命

1926 年陈清如生于浙江杭州，幼时的他亲身经历了日本侵华战争带来的各种灾难。从小学到高中，他在战乱和社会动荡中先后辗转杭州、上海、南京等地求学，饱尝颠沛流离、居无定所的艰辛，更深切体会到个人命运与国家命运的紧密相连。陈清如回忆："那时，在自己的国土上没有中国人生存的自由，凡是有血气的青年都不会无动于衷。"因此，在南京中英中学读书期间，他不仅刻苦学习，还加入了进步组织洪流社（后为洪流剧团），积极参加沦陷区学生的救亡活动，通过手抄本、刊物、话剧、传单、标语等形式进行爱国宣传。通过学习革命真理，他更坚定了以身报国的决心。

畢業證書
學生陳清如係浙江省杭縣人
現年廿六歲在本院採礦工程學
系修完大學課程成績及格准予
畢業此證
唐山鐵道學院院長 顧稀
公曆 一九五二 年 九 月 日

陈清如本科毕业证书

1946 年，陈清如考入国立英士大学电机系。两年后，由于父亲没有工作、家境困难而无力支付学费，他只得退学复习报考奖学金较高的唐山交通大学工学院采矿工程学系。他说：“当时我抱有科学救国的思想，也很喜欢学习深造，就说服父亲，让我考一所奖学金高的大学，那样就不需要家里负担我的费用了。”1952 年，陈清如以优异的成绩毕业并留校任教。同年 9 月，教育部在全国进行了大规模的高等学校院系调整工作，陈清如所在的采矿工程学系并入中国矿业学院。

1953 年 6 月 16 日，陈清如光荣地加入中国共产党。1958 年，他被公派前往莫斯科矿业学院，从事跳汰理论和放射性同位素用于选煤过程的研究。在苏联学习的两年中，他更加深刻地体会到，只有国家富强了人民才会幸福，而国家的富强离不开科学技术的发展。尽管 1959 年中苏关系渐趋紧张，资料被封锁，在苏联的中国学者处境困难，他仍然想尽各种办法收集资料，进行实验研究。

1960 年回国后，陈清如很快就组建了应用放射性同位素的选煤基础理论和测控技术实验室。为解决“难选煤”的分选问题，1964 年，他作为技术负责人参加和指导了我国第一座采用重介质旋流器处理末煤的选煤厂的设计、建设、安装、调试和投产工作，同时还指导研制了我国第一台筛下空气室跳汰机，从而解决了选煤用跳汰机的大型化问题，为煤炭工业产业的发展作出了卓越的贡献。

呕心沥血做学问　奋不顾身做研究

选煤，作为洁净煤技术的源头，可以有效脱除煤炭中的灰分、硫分等杂质，对于节约能源、保护环境十分重要。20 世纪 70 年代末，陈清如在选煤生产现场注意到，由于井下采煤需要洒水除尘，加上煤层透水和管理不善，送入选煤厂的原煤外在水分（即表面水分）一般都在 7% 以上，潮湿的煤粒和煤泥经常堵塞筛孔，无法进行有效的干法筛分。为了攻克这一世界性难题，陈清如大量查阅资料、反复推理验算。终于，偶然接触到的摩根森的概率筛分法使陈清如茅塞顿开，他开始借用该原理来解决潮湿细粒煤的筛分问题。功夫不负有心人，仅用三年时间，陈清如和课题组同事们就突破传统的精确筛分概念，采用大筛孔、大倾角和短筛面长度，于 1982 年研制成功了我国第一台处理潮湿细粒煤的煤用概率分级筛，解决了筛孔堵塞的技术难题，使煤矿获得了显著的经济效益。

我国三分之二以上的煤炭分布在西部干旱缺水地区，使用传统的湿法选煤技术分选煤炭既浪费水资源又污染环境，有很大的局限性。陈清如亲眼见过西部不少煤矿需要定时、定量供水，甚至只能拿用过的洗澡水去选煤。于是他暗下决心，中国一定要走出一条自己的选煤之路！为了解决中国缺水干旱地区、高寒地区以及遇水易泥化煤炭的分选问题，他于 1984 年又提出了一个世界性的课题——空气重介质流化床干法选煤。这一想法遭到了诸多质疑。有人说，美国早在 20 世纪 60 年代就开始研究试验，苏联、加拿大

陈清如介绍空气重介流化床干法选煤技术

等国也在 20 世纪 70 年代相继进行研究，但至今都还停留在实验室研究阶段，在科研相对落后的中国，这项研究能成功吗？陈清如这样回答："中国人不比外国人笨，就算外国人搞不成，我们也一定要搞成！"他将干法选煤分为基础研究、半工业性试验、工业试验三个阶段，在学校的一处旧式厂房里，义无反顾地开启了这场艰难的"持久战"。锲而不舍，金石可镂。经过几年的努力，他终于在分布器的设计、加重质的制备和介质粒度级配等方面取得了突破性进展，实现了气固两相流化床煤炭分选必须具备的三维空间密度的均匀稳定。

经过艰苦攻关，1986 年年底，实验室模型试验成功。1990 年，陈清如来到黑龙江七台河市燃料公司桃山煤场，开展空气重介质流化床干法选煤工业性试验研究。正当干法选煤的研究和开发工作如火如荼进行的时候，陈清如突然便血，被医院诊断为肾癌。在医院等待化验结果的过程中，他对主治医生说：“如果能给我的生命延长 5 到 10 年，我就不化疗放疗了，现在还有很多工作要做。”当学校领导来看望他时，他表达了自己最真切的想法：“如果癌细胞还没有扩散，就尽快手术；如果癌细胞已经扩散了，就出院，尽可能利用生命能允许利用的最后时间，完成手头上的工作。”进一步检查的结果证明，癌细胞还没有扩散，学校领导为了治好他的病，多方奔走，联系安排到北京协和医院。协和医院很快为他做了左肾切除手术。术后 20 天，病情刚刚稳定，他就坚决要求出院。回家没休息几天，他就坐火车赶到黑龙江省七台河市正在建设的桃山选煤厂。

陈清如（右一）介绍研制的 GS1000×2000－Ⅱ型概率分级筛

为了尽快建成世界上第一座工业示范型空气重介质流化床干法选煤厂，完成“八五”国家重点工业性试验项目“干法选煤”，他放弃了当地政府安排住高级宾馆的优待，带领科技人员吃住在现场，在桃山选煤厂前前后后待了近两年的时间，最长的一次有三个多月。那里的冬天气温是零下 30 多摄氏度，南方人难以忍受，陈清如却直面寒冷，始终不曾退缩。春节，他也打算不回家，七台河市领导知道后，硬是把他“轰”上火车回徐州与家人团聚。期间，陈清如的爱人第二次患脑溢血去世了，但他强忍着失去亲人的悲痛，强迫自己振作起来，仍然坚持工作在第一线。

经过数年的苦战，1994 年 6 月，世界上第一座空气重介质流化床干法选煤工业示范系统建立并调试成功。这一工程科技项目的落地实现了干法选煤技术的工业化应用，使该项技术处于国际领先水平，同时也标志着我国缺水和高寒地区及遇水易泥化的煤炭分选有了高效的选煤方法，为我国洁净煤技术中煤的洁净加工、利用开辟了一条新的技术途径，陈清如也因此被称为“干法选煤之父”。国际选煤会议主席、美国能源部匹兹堡能源研究中心选煤部主任德布洛克对此评价道：“美国将不再进行空气重介干法选煤的研究，将采用由中国矿业大学提供的干法选煤技术和设备，来开发美国西部缺水地区的煤炭。”

洁净煤战略构想　蔚蓝天妙药良方

21 世纪以来，为了提高煤炭利用效率、减少环境污染，缓解石油、电力、交通等资源短缺和运输紧张的现状，陈清如致力于中国洁净煤的研究，向有关部门写建议书，组织专门会议宣传讲解。他提出了中国洁净煤战略的构想，并将这一战略概括为“以实现煤作为燃料的洁净化为最终目的，在煤炭利用之前或利用过程中对其可能排放的所有污染物进行有效控制，集中在煤的燃前处理”，从而为我国洁净煤技术发展指明了方向。2002 年，陈清如组织召开了首届国际干法选煤学术研讨会（First International Symposium on Dry Coal Cleaning, Clean Coal Technology）。2004 年 4 月，经他发起，中国煤炭工业协会召开了中国洁净煤战略研讨会，陈清如作主题报告。2004 年 12 月，他提出了“关于发展具有中国特色的大型煤矿坑口电站的建议”，并由中国工程院以“工程院院士建议”上报中共中央、国务院。陈清如曾说，自己这辈子最大的心愿就是“通过在洁净煤技术上的研究和开发，使我国大气环境得到改善，让我们共享的蓝天重现蔚蓝和清新”。

2010 年 4 月 25 日，对陈清如来说是个特别的日子。这一天，第 16 届国际选煤大会在美国肯塔基州列克星敦市召开。这是国际选煤界最具权威性、最具影响力的大型国际会议。大会上，他被授予了国际选煤大会组委会主席“终身成就奖”。这个奖是由国际选煤大会国际组委会首次设立的，用来奖励在国际选煤领域取得

第 16 届国际选煤大会国际组委会主席 Kalb 博士为陈清如院士颁发“终身成就奖”

卓越学术成就并作出杰出贡献的专家学者，是目前国际选煤界最高的个人科技成就奖。陪同陈清如赴会的刘炯天院士回忆：陈老师对获得这个奖非常高兴，但我更能感受到他的谦逊与胸怀！在颁奖典礼上，陈老师说，“这个荣誉首先属于祖国、科研团队、矿大和国际选煤大会所有会员”。他还特别深情地表态：“我虽已 85 岁了，但我还将继续为我热爱的选煤事业奋斗终身。”

严谨细致究学术　脚踏实地育人才

执教 60 多年里，陈清如坚持守在教学和科研第一线，以自身严谨的学风、高尚的品德和潜心钻研、刻苦攻关、锲而不舍的精神，为国家尤其是煤炭行业培养和造就了一批高质量的科技人才。他在长期教学和科研工作中所形成的学术思想对我国矿物加工工程学科的发展具有重要指导意义。

陈清如坚信，科研就是要为解决现场生产的本质问题而进行的，不是空泛和脱离实践的，如果把实验室研究的科研成果直接应用到生产实际中去，这是冒险行为，是不切实际的。他十分注重理论与实践的结合，完善科学研究体系，认为只有将科研成果应用于生产，才能形成强大的生产力，在企业产生经济效益和社会效益。这也是陈清如建立"粒群透筛概率"理论和"空气重介质稳定流态化"分选理论的重要思想基础，即结合生产实际进行理论研究。他深刻领会毛泽东同志在《实践论》指出的"实践、认识、再实践、再认识"这一思想，在科学研究过程中，严格按照"实验室研究—中间试验研究—工业性试验研究—工业化生产的应用"的体系进行工作。

陈清如在现场检查设备运行情况

陈清如在培养研究生或身边年轻的科技工作者时，特别注重学科交叉。他在招研究生时，除矿物加工工程专业外，还招收数学、物理、化学、力学、机械、化工和热能工程等不同专业的学生，传授矿物加工的知识和技能。交叉学科学生的培养并非易事，陈清如的学生杨玉芬说，在老师的督促和高要求下，他们这些“跨界”的学生恶补了很多选矿、干法选煤、干法筛分方面的知识。在陈清如看来，多学科交叉是诞生创新与创意的沃土，把不同学科的分散力量集聚在一起，才能发挥人才优势，培养出高层次的创新专业人才。

在培养学生学术思想方面，他要求学生善于观察、勤于思考、勇于探索，循循善诱地指引学生养成探索新研究领域和新研究方向的开拓精神。他特别注重言传身教、严格要求。在实验过程中不管遇到什么技术难题，他都参与讨论、制定方案，和学生一起做实验发现问题，找寻原因，保证试验条件及工艺的先进性、技术的创新性、试验数据的可靠性。在审读博士论文时，他对实验数据的

陈清如指导研究生做实验

陈清如（左五）主持博士论文答辩

准确性、资料的完整性、论文的系统性和学科发展方向进行严格把关。这种一丝不苟、严谨治学的态度影响着他的每一位学生。赵跃民院士当年是陈清如的第一位研究生。老师的治学严谨、要求严格给他留下了深刻印象。赵跃民回忆，在一次做筛分机数学模型的过程中，自己前后做了一个月实验，积累了大量数据，“当我把数据交到陈老师手中时，他却察觉出了异常，我们随即到现场重新操作，结果发现系统存在实验误差，一切推翻重来”。

陈清如指导研究生，最为看重的是进行创新培养，他从多学科招收研究生，要求学生从学科交叉角度创新性地开展研究，做出创新性成果。“陈老师不是为了研究而研究，而是瞄准学科前沿的世界难题、关系国家民生的重大课题进行研究，这方面陈老师为我们树立了榜样。”学生杨国华说。陈清如始终要求学生一定秉着科学

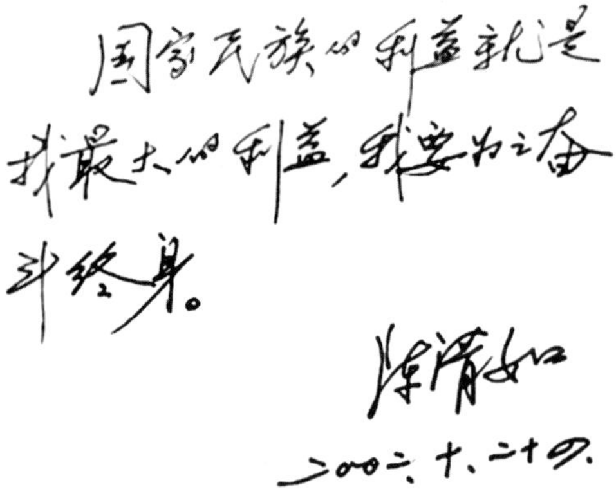

陈清如手写誓言

态度、实事求是，树立创新精神和培养创新能力，脚踏实地。他教育学生只有形成自己的思路、多方面看问题，才能超出前人，有所创新。

严师出高徒，陈清如先后培养出50名硕士和博士研究生，为国家培养了一批高质量的科技人才。在严格要求的同时，陈清如也以无微不至的关怀与爱护温暖着每一位学生，关心他们的学业、事业发展和家庭的方方面面。学生们记得，每次去陈清如家里，临别时，老师总是把学生送到家门口。一到各种传统节日，学生们总是先收到陈清如的祝福短信或邮件。对学生们来说，陈清如不仅是指引他们前进的导师，更是生活中的益友。

陈清如常对学生这样说：“做学问要顶天立地——顶天，就要站在国际前沿，瞄准世界一流；立地，就要结合行业和产业需求，解决我们国家的重大问题。”干法选煤在洁净煤技术中是一个世界性的难题，空气重介质流化床干法选煤从科学理论到工程技术都是开创性的，虽然目前取得了重大突破，但要实现干法选煤全粒级的工业化，还需要几代人为之不懈努力。因此，他在60岁的时候呼吁：为了科学研究的连续性，现在急需的是培养接班人，必须大力培养具有创新精神的年轻人。

1998年，陈清如将这一重任交给了学生赵跃民。“你一定要把干法选煤在工业生产上搞成功，还祖国碧水蓝天。”陈清如说。此后，赵跃民带领团队成员进行自主创新，并与唐山神州机械集团深度合作，突破了传统湿法和风力选煤模式，发明了干法重介质流化床和大型复合式干法分选机；首创模块式高效干法选煤工艺系统，主持建设了模块式干法选煤厂，在国内外首次实现了煤炭高精度干法分选。可以说，在陈清如的悉心指导与培养下，赵跃民顺利接过了干法选煤的“接力棒”，不断突破着现有技术和理论，继续引领着世界干法选煤技术的发展。

（作者：王海锋　编修：韩玮）

至行问道　达识求真

——我国力学界著名科学家陈至达

陈至达（1927—1998），福建漳州人，著名力学家。1948年毕业于厦门大学机械系，1952年研究生毕业于清华大学机械系力学研究所，后任教于北京矿业学院。中国矿业大学工程力学和岩土工程国家重点学科的创始人、奠基者，第六、七届全国人大代表，国务院认定的首批博士生导师。曾任国务院学位委员会委员兼力学学科评议组组长，国家科学技术委员会委员兼石油、地质学科组组长。著有《有理力学（非线性连续体力学）》《杆、板、壳大变形理论》《理性力学》等专著。1985年，被江苏省人民政府授予优秀教师称号；1986—1988年，连续3年获煤炭部机关及在京直属单位先进工作者称号；1989年，获全国优秀归侨、侨眷知识分子称号；1992年，被评为江苏省普通高校优秀学科带头人；

1991 年，获得国家科学技术进步奖一等奖；1997 年，被授予全国优秀科技工作者称号。

忠心赤胆，学以兴邦

1927 年 9 月 12 日，陈至达出生于福建漳州。他家境殷实，家族产业分布于美国及东南亚地区多个行业，是个实打实的富家子弟。然而，陈至达却毅然决然地选择放弃国外优越的生活，把满腔的爱国热情和学术激情奉献给祖国。

因学习成绩优异，陈至达高中毕业时被保送进入厦门大学机械系学习。在大学求学期间，陈至达的成绩出类拔萃。毕业前夕，他在学术刊物上发表了一篇关于热工学理论的论文，对国内一位知名教授的观点提出商榷。那位教授看到论文后，不禁对年轻的陈至达刮目相看，主动邀请他做自己的助手。怀着对学术的执着追求和对未来的憧憬，陈至达欣然接受邀请，进入上海工业实验所开始学术研究。

实习结束后，舅父劝陈至达出国与自己一起经营家族企业，但陈至达拒绝了亲人的安排，随后进入清华大学机械系力学研究所，师从我国著名力学专家钱伟长教授，成为新中国成立后清华大学机械系的首届研究生。在北京，陈至达亲历了开国大典的盛况。他在日记中写道："这一刻，我深感自己肩上的责任重大，我要努力学习，掌握先进的科学技术，为祖国的繁荣昌盛贡献自己的智慧和力量。”他抓住一切可以学习的机会，从早到晚泡在图书馆，沉浸在书海中，广泛接触不同的学术流派，涉猎各门学科，边读书边思考，做了大量学术笔记。

在清华大学读书期间，陈至达得到了张维、钱伟长两位教授的悉心指导。他们不仅是陈至达学术上的导师，更是他人生路上的引路人。张维是国内外享有盛誉的力学家、工程教育家，他严谨治学的态度和深厚的板壳力学造诣给陈至达留下了深刻印象。在他的指导下，陈至达逐渐形成了自己的学术研究风格，对于板壳力学有了更深入的理解。钱伟长被誉为“中国近代力学之父”，他的学术成就和人格魅力更是让陈至达敬仰不已、获益匪浅。后来，陈至达在其学术著作《有理力学（非线性连续体力学）》的前言中感激他

陈至达（前排右三）与导师钱伟长（前排右四）等学者合影

的老师张维教授和钱伟长教授的教诲和积极支持。正是前辈们刻苦认真的优良品格、严谨求实的科学态度，引导陈至达在学术上取得一系列突出成就，在后来的工作中得心应手。

心无杂念，筑基学科

1952 年 10 月，陈至达从清华大学机械系力学研究所毕业，到北京矿业学院参加工作。秉持着对科研的热爱和对新中国建设的激情，继续深入探索力学领域的奥秘。

研究生毕业时，他在《中国科学》杂志上发表了论文《轧钢反围盘技术改进的合理化建议》，针对轧钢反围盘技术的种种问题，提出了能够提高轧钢生产效率、降低能耗的改进方案，其创新性和实用性获得学术界的广泛认可。有家报社准备将他的改进方案作为全国重点技术革新成果进行报道，在报纸即将付印之际，陈至达要求将成果的署名改为“项目课题组”。报道刊出后，许多同行都来向他道贺，也有人询问他为什么要以“项目课题组”署名。陈至达回答，这项成果离不开项目课题组每一位成员的努力，作为一名科研工作者，追求真理、探索未知远比追求名利重要。他说：“科研成果服务于人民才是最重要的，我要做的就是不断创新成果。”

陈至达生活上严于律己、勤俭朴素。20 世纪五六十年代，陈至达与妻儿四人住在不足 30 平方米的小平房里。有人好奇地问他：“你为什么拒绝海外亲人的出国邀请，甘守国内清苦的生活？”他笑了笑:“我的老师们都从国外回来了,建设新中国,我怎么能贪图享乐出国呢?”就在这间小平房里,陈至达夜以继日,刻苦钻研张量分析和微分几何等理论,为日后的学术研究打下了坚实基础。

初到北京矿业学院工作,陈至达定下第一个奋斗目标:建设一个像样的力学实验室。在学校的支持下,陈至达邀请了三位志同道合的年轻人,从零开始,如火如荼地开始了实验室建设。从场地审批,到订购设备、开箱安装和操作试机,事无巨细,他都自己动手。不少设备是从国外进口的,操作方法也需要从头学起。在他的带动下,大家干起活来都是不分白昼黑夜,仅用两年时间就建成了一个全国一流的力学实验室。1955 年,全国第一次高校实验力学会议就在这里召开。也是在这次会议上,陈至达的学术成果得到了学界的高度评价,《北京日报》称他是“最年轻有为的力学家”。

1958 年,陈至达被错划为右派,但是他忍辱负重、刻苦钻研,始终心系祖国的力学事业,默默坚持着投身利国利民的伟大事业,以热血浇筑祖国的科教事业。直到 1962 年,他在《力学学报》上发表了论文《根据应力光图直接解答弹性力学平面问题的方法》,才得以回到力学界的视野内。随后的十几年里,中国社会发生了巨大变革,可任凭外界如何变化,陈至达始终坚持在自己的岗位上,脚踏实地、埋头苦干。

在学术上,陈至达一开始就把目光放在了研究冶金轧机围盘线材的塑性变形问题上,并以独特的见解在力学界初露锋芒。在研究有限变形问题过程中,他敏锐地认识到经典力学理论的缺陷,对著名的 Green 应变公式提出了理论上的挑战。他还较早地把张量分析和拖带坐标系应用于大变形理论的研究，大胆地提出了变形的和分解定理，以取代传统的积分解理论。

这种勇于质疑、敢于挑战权威的胆识，助力着他在力学学术界不断前行。后来，他又将 S-R 定理应用于板壳大变形问题的研究，推演出一套新的板壳大变形理论；把有限变形理论与实验力学相结合，创造了新的实验理论和方法。先后主持完成国家级和省部级科研项目 20 多项，其中获国家自然科学奖 1 项、省部级奖 4 项。

陈至达既重视理论研究又重视实证研究。对于他来说，实验室就是第二个家。因为实验室距离公路较近，白天做实验容易受到行车震动的干扰，所以他多是在夜间十一二点之后才做实验，一做就是大半夜。有一次要开“自动光探仪”技术鉴定会，一切准备就绪，为确保鉴定会顺利进行，会前他又亲自动手做了一遍实验。

陈至达还特别重视将理论应用于实际工程中。大变形理论在工程力学、流体力学、固体物理学等多个领域都有广泛应用。例如，在机械设计中，运用大变形理论对物体进行分析，可以更好地理解物体的受力情况，从而优化设计，提高物体的稳定性和强度。在地质学中，地壳的运动和岩体的变形也大都是大变形问题，采矿工程中的岩层移动同样是大变形问题。凭借对有限变形理论和应用方面的深入研究，陈至达和杨善元共同组建了中国矿业大学工程力学和岩土工程国家重点学科，为国家采矿工程贡献了巨大的力量。后来，经过几代力学人的建设，中国矿业大学工程力学专业已成为教育部特色专业，支撑着“煤炭资源与安全开采”国家重点实验室和“深部岩土力学与地下工程”国家重点实验室的科学研究，拥有精品课程和省实验教学示范中心。

1982 年，学校委派陈至达与钱鸣高一起去英国纽卡斯尔参加岩层力学国际会议。两人顾不上舟车劳顿，在旅途中就开始讨论大变形力理论在采矿工程中的应用问题，乐此不疲。采矿界著名的“采场上覆岩层活动规律”矿压理论就受到这次讨论的启发。

1987 年春节，陈至达第一次出国探亲，与舅父在新加坡相聚。舅父劝他留在新加坡大学任教，顺便帮助打理家族企业，他谢绝了。陈至达说：“新加坡的亲戚，家家都很富，他们在国外办企业，这是中国人的光荣。但是，我对钱财并不羡慕，因为我是搞学问的。知识也是一种财富，我想在知识上为国争光。”

学高为师，身正为范

在学生的心目中，陈至达不仅是良师，更是慈祥的长者，他重授知识，更重德育。受恩师钱伟长影响，陈至达深知教育的真谛在于培养科学精神和塑造个人品德。在数十年的教学生涯中，他言传身教，为国家培养了 54 名博士和硕士研究生，多次被评为国家级和省部级优秀教育工作者。他培养的学生有的已成为著名青年科学家，有的已走上科学、技术、教育等部门的领导岗位，其中谢和平 2001 年当选中国工程院院士，何满潮、魏悦广分别于 2013 年和

2017 年当选中国科学院院士。

陈至达还重视培养学生的实践应用能力，亲自指导学生研制自动光弹、云纹和激光变形频谱实验仪器，取得了很大的成功。他积极提出新思路，指导学生将新的有限变形理论广泛用于研究岩石力学大变形、金属弹性大变形、断裂力学、生物力学等多个领域，推动这些领域的研究取得新的进展，编写了用于解决不同工程问题的非线性有限元程序。他的众多论著，特别是《有理力学（非线性连续体力学）》《杆、板、壳大变形理论》等学术著作，在国内外力学界产生了重要影响，使其在有限变形理论研究和应用方面成为有影响的学派。其研究成果不仅被广泛引用和应用，还为后续的研究工作提供了重要支撑。

陈至达对研究生要求严格，常常和研究生一起讨论论文选题，通过反复论证确定选题的科学性。在他的指导下，谢和平读博期间选定损伤力学作为自己的研究方向。为了在这一岩石力学的古

陈至达主编的教材

老难题上取得突破，谢和平跑遍北京各大图书馆，查阅大量中外文资料并详细记录。在积累了充足的文献后，他回到学校，在实验室和计算机房反复做实验、做推演。经历了这段苦行僧般的生活，谢和平终于顺利完成论文。如今，在国际岩石损伤力学和岩石力学分形研究领域，谢和平享有盛名。回忆起导师陈至达，谢和平至今都还记得恩师的叮嘱："博士选题决定一生的研究方向，选一个能够开创新的研究领域和方向的题目，这很重要。"

陈至达淡泊名利，发表论文时总是把学生的名字放在前面。因为文章署名的事，他和学生之间常发生分歧：有些文章在实验和撰写过程中，他作出许多贡献，本该署上他的名字，他执意不署，学生把他的名字写上了，他又划去；有时不得不署了，学生把他的名字写在前面，他又给勾到了后面。

1984 年，陈至达患上糖尿病。然而，病痛并没有让陈至达停下脚步，他以顽强的毅力继续前行，在科学研究的道路上执着地探索着。即便躺在病床上，他的思绪也从未停止，心心念念的仍是研究课题和学生们的毕业论文。不待痊愈，陈至达便又全身心投入工作。

糖尿病尚未痊愈，很不幸他又因面部神经麻木，舌头发硬，讲话变得十分困难。在如此艰难的困境下，他做出了一个令人敬佩的决定——带病赴杭州给"全国应用数学与力学讲习班"讲学。他不顾身体不适，用尽全身力气，努力让自己的声音清晰地传达给每一个听众。尽管医生要求他多休息，但是一天三个多小时的讲学，他一连坚持了五天。他说:“大家千里迢迢来听课，我不能辜负大家的信任，我多讲一分钟，大家就能多一分钟的收获。”听课的同志们无不被他的执着和坚毅所感动。

陈至达用行动书写了“爱国奉献、求实创新、拼搏奋进、团结协作”的精彩人生。2016 年 9 月 11 日，陈至达诞辰 90 周年学术报告会暨学术思想座谈会在中国矿业大学（北京）隆重举行，陈至达的弟子姜耀东教授在致辞中回顾了陈至达先生的生平和学术成就：陈先生作为我国力学界著名的科学家，长期工作在教学科研第一线，为我国力学学科的发展作出了卓越贡献；作为一名教育家，为国家培养了一批科技领军人才和政界管理人才。纪念陈至达先生，就是要传承和弘扬科学教育前辈的学术思想和高贵品质，爱岗敬业，踏实工作，争创一流，为国家的繁荣昌盛贡献自己的力量！

为了缅怀和纪念陈至达先生，传承和发扬他的学术思想和科

陈至达在指导研究生实验

应用数学和力学讲座第三十期合影
（前排左起第 13 人为主讲人陈至达教授）

学家精神，2022 年中国矿业大学（北京）深部岩土力学与地下工程国家重点实验室建立了“至达书屋”，将他的书籍、笔记本、手稿、指导的学生论文以及生前所用的钢琴、小提琴等收藏其中，展示其对中国力学学科的杰出贡献以及成为科学家的非凡历程。

（作者：宋奕　张琳　朱玉晓　编修：马占国）

文中资料部分来源于《光明日报》2024 年 6 月 4 日《穷理以致用　寻幽探翠微——陈至达的力学人生》

师者典范乐学善导
淡泊名利潜心育人

——我校机械工程学科主要奠基人之一魏任之

魏任之（1927—2007），湖南长沙人，中国共产党党员，我校机械工程学科主要奠基人之一。1946 年考入清华大学机械系，1950 年毕业后任教于中国矿业学院，随校先后辗转北京、四川和徐州，在“机械动态特性研究与噪声控制”“齿轮啮合理论及加工工艺”等领域有深入的研究。我校矿山机械工程学科博士学位点的开创者，首批博士生导师之一，培养了煤炭系统第一名博士研究生，是该学科发展壮大为国家重点学科强有力的推动者。

传承：家学深厚铸情怀，勤学报国承父志

1927年，魏任之出生在湖南长沙一个知识分子家庭。他的父亲魏文悌曾任湖南大学庶务长，是指引学生开展“三反”斗争的领导人物。受父亲影响，魏任之也加入了爱国青年联盟，以自己的方式将岳麓儿女的家国情怀付诸行动。

自小在岳麓山下成长的魏任之，深受岳麓文化的熏陶。千年岳麓山孕育了一代代湖湘儿女家国天下的情怀、经世致用的实践智慧、不屈不挠的抗争精神，对魏任之一生的事业也产生了至关重要的影响。

1946年9月，19岁的魏任之怀揣梦想进入清华大学学习，在加入中国共产党外围组织中国新民主主义青年联盟后，又于1948年3月加入中国共产党。1948年10月至1949年6月，他接受党组织安排，随中国人民解放军解放天津，作为天津市军管会机械组成员参与了接管天津纺织机械厂等工厂的行动。1949年7月，魏任之重新回到清华大学机械系学习深造，为他日后在矿山机械领域的发展打下了坚实基础。

魏任之选择学习机械，也正是源自他对国家振兴的洞察。看到当时的宣传画上工人拿着铁锹、农民拿着镰刀、士兵拿着步枪，魏任之意识到，这些生产建设中必不可缺的工具都是机械制造的，要想提高生产力，就必须在生产工具上下功夫。“矿山机械行业是

国民经济的重要组成部分，其发展前景直接关系到国家基础工业的发展。”魏任之曾在不同场合多次强调机械行业在整个国家工业体系中的重要地位，这不仅表达了他对这一行业的热爱，也体现了他关心祖国发展的赤子之心。

砺学：问渠那得清如许，为有源头活水来

探索之心，历久弥新；求知之路，永不止步。对魏任之来说，“求知”是贯穿他一生的关键词。

在魏任之身边学习，能够真切体会到他的博学多才。魏任之的博士生、中国矿业大学（北京）机电工程学院原院长吴淼回忆道：“一位工科教授，张口就能吟诵出唐诗宋词名句，关键是他能熟练掌握英、德、俄三种语言，翻译相关领域内的外文书籍，掌握国外同行的第一手材料。学贯中西、博古通今，魏老师就是这样一位学识渊博的学者。”

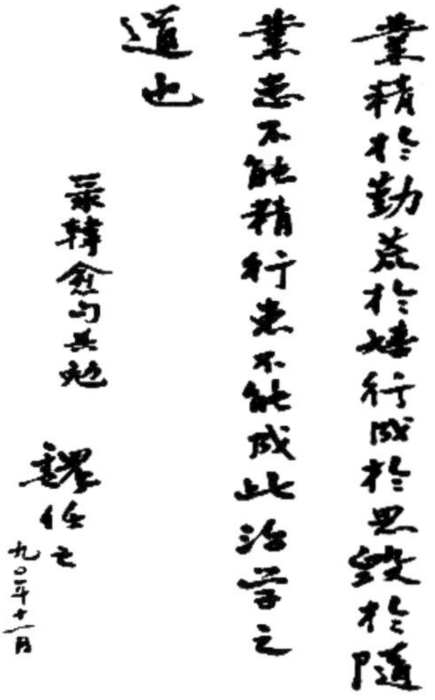

魏任之手书

出身知识分子家庭的魏任之，自小就深受书香世家的氛围影响，熟读古代典籍。他不仅乐学好问，还具备很强的学习能力。长大后的

他进一步开阔眼界，开始接触外文。每到寒暑假，魏任之的父亲和几个湖南大学的同事就组织家里的孩子到岳麓书院去念书。在那个风雨如晦、战乱频仍的年代，岳麓书院的小阁楼内，魏任之沉浸在书籍的海洋中乐此不疲，一个暑假里就学会了基础的德语知识。

千年岳麓，弦歌不绝。朴实淳厚的家风流淌在代代魏家人的血脉中，“魏家家学渊源深厚，我家先生那一辈一共 7 个兄弟姊妹，其中 4 人是博士生导师，2 人分别是硕士生导师和中学特级教师，还有 1 人在朝鲜战场因公负伤。”魏任之的夫人沙启敏如是说。

魏任之学习俄语的经历，更堪称“传奇”。据沙启敏回忆，魏任之学什么都学得极快，从入门到捧着一本厚厚的俄语词典查资料，他在几个月的时间里已经能基本掌握俄语了。后来，他着手翻译了专业书籍——俄语著作《球面传动装置的制造》，一经出版就在机械领域内受到了同行和学生们的广泛好评。

对魏任之来说，好学没有止境。从传统机械中的齿轮研究，到现代设计和测试，再到气固两相流分析，他涉猎的领域越来越广，“乐学”为他带来的益处也在专业领域逐渐显现。他先后出版了《矿山机械制造工艺学》等多部专著和译作，并在国内外各类学术刊物上发表论文百余篇。深厚的理论基础使得他在“机械动态特性与噪声控制”“齿轮啮合理论及加工工艺”等领域取得丰富的研究成果，相应工程实践也在当时的中国齿轮界产生重要影响。其研究成果先后获省部级科技进步奖 6 项、国家发明专利 9 项，对矿山机械设计和制造水平的提高及在矿山生产效率的提升方面发挥了重要作用。

凭借不凡的外语功底，魏任之在担任教务长期间不仅倡导并推动了《中国矿业大学学报》英文版的推出，使得矿大师生的学术声音传播得更远，还经常在学校充当"翻译"的角色。1978 年，煤炭部代表团访问美国，随行人员在翻译专业名词时还是有些力不从心，深知翻译对于双方学术沟通重要性的魏任之，便当仁不让地主动担当起翻译工作，让这段访美之行获得了更多实质性成果。

启惑：循循善诱能启下，青蒿因得附长松

"1985 年我来到徐州，在魏老师的课题组工作，直到 10 年后我离开学校。在徐州这 10 年，是我生命中最重要的一段时间，对我的人生观、价值观和学术风格产生了深远的影响。这一切，都得益于魏老师给予我的指导和帮助。"昔日的同事、北京航空航天大学教授王建军回忆起和魏任之朝夕相处的一段岁月，深情地表露了对他的感激和爱戴。"在我心中，老师和学者就该是他这个样子，他是最像老师的老师、最像学者的学者。"这是王建军对魏任之的评价，也是魏老师在众多学子与同事眼中的形象。魏任之对科研方向的把握和指导兼顾针对性和前沿性，让当时在他身边工作的王建军受益匪浅。

彼时，刚刚走上工作岗位的青年教师王建军，被分配到魏任之的课题组做科研。尽管他初出茅庐，但魏任之从未忽视过他，有任

何问题都是第一时间回应。为了让年轻科研人员快速成长，魏任之给王建军抛出了一个颇为“棘手”的问题：如何将全息干涉度量法应用于机械领域研究？

“说实话，当时根本不懂这个全息干涉度量法，怎么办？”王建军一头扎进学校图书馆翻阅资料查找原理，不仅逐渐对这个陌生的领域有了自己的理解，也在不断钻研中，明白了魏任之想传递给他的思想：“一个新的学科方向一步步走向深入、走向前沿，不就是一代代科研人员在一次次试错的过程中实现的吗？”

同样得到魏任之诸多启迪的，还有他的博士生、现任北京信息科技大学机电工程学院院长的黄民。因为在本科、硕士研究生阶段都有电学的学习基础，在黄民入学的第一天，魏任之就建议他去学习日本、美国等国家的电子线路大全。后来，黄民结合自己对机

魏任之（右四）参加学生博士论文答辩

械学科的思考写出了详细的报告，“交给老师的第二天，老师就找到了我，肯定了我在报告中的思考，并提出了自己的意见和建议。”黄民说，他在魏任之身上寻到了一种勇于探索、敢于向新知识领域进军的精神，“作为一名学者，这样的精神尤为宝贵。魏老师是对学生‘启惑’，而非简单的‘解惑’。我后来也一直将这一理念应用在教育教学中，算是对老师教学精神的一种传承。”

与黄民不同，魏任之的研究生们很少有从一开始就专门学习机械的，但魏任之总能因材施教，引领学生找到各自熟悉的领域与机械的契合点，最终形成自己的学术风格。

谨训：为人性僻耽佳句，语不惊人死不休

一丝不苟、精益求精，勇于创新、不断求索，以杜甫的诗句“为人性僻耽佳句，语不惊人死不休”概括魏任之的学术态度再合适不过。教学中，他也始终坚持“严是爱松是害，教不严师之惰”的教育理念，并鼓励学生在学术中不断攀登新的高峰。

说起魏任之的严格，学生吴淼印象十分深刻：“魏老师给我们上课用的讲义，一学期下来有几百页，每个字、每幅图、每个公式都是老师一笔一划手写的，整本讲义看起来整齐得如同印刷品。他给学生修改的论文，从文章架构到语言表达，甚至是标点符号的使用都很用心，论文上红色的批注密密麻麻。”

和黄民同期的一名研究生，因为实验中需要检测的一个信号

总是达不到完美的程度，足足用了6年时间才毕业。但也正因魏任之对毕业设计近乎苛刻的严谨态度，这名学生的博士论文入选了当年的全国优秀博士论文。

魏老师的严格向来为学生们知晓，王建军回忆，当时他作为助教帮助研究生安排实验，同学们的试验台搭了拆、拆了搭反复多次的情况再常见不过。“学生的事丝毫来不得半点马虎”，王建军认为，在魏老师身边做助手的那几年养成的一丝不苟的态度，是他一生受益的宝贵财富。

严师出高徒。从教近50年的时间，他带出了40余位硕士、博士研究生，本科生更是不计其数。如今，他的学生在我国军工、航空、石油、煤炭等行业担任重要职务或是学术带头人，并将他的教学育人理念广泛播撒，令其生根发芽。他们中既有中国工程院院士，也有国家杰出青年科学基金获得者、煤炭工业部“业务拔尖人

魏任之教授翻译的外文著作封面和扉页

才”、煤炭系统专业技术拔尖人才、煤炭工业优秀科技创新人才、江苏省教学名师等。他们不仅自己学有所成，更继承了魏任之老师的教学理念，为国家和社会培养了大批优秀人才。

“魏老师曾经在很多个场合说过，这辈子最大的成就，就是培养了一些学生，学生们表现很好，有的也成了很好的老师，有了自己的学生，这让他很欣慰。”沙启敏说，魏任之私下里有时候也会后悔，当初对学生们那么严格，是不是有些不近人情。但每当老师生日或逢年过节，学生们给魏老师打来的祝福电话足以说明师生间的深厚情谊。

正人先正己，这是魏任之一生的写照。如今，他的学生们最爱引用那句耳熟能详的话来评价他：“魏任之老师是一位高尚的人，纯粹的人，有道德的人，脱离了低级趣味的人，有益于人民的人。老师虽然离开我们多年，我们仍时常想起他。他对我们这些学生有终生难忘的影响，是我们永远的老师。”

（作者：孙盈　编修：赵红灿）

质朴无华　守正笃实

——我校煤矿水文地质及工程地质专业开创者和奠基人沈文

沈文（1927—2015），湖南长沙人，中国共产党党员，教授，我校煤矿水文地质及工程地质专业开创者和奠基人。1952 年毕业于唐山铁道学院采矿系，大学毕业后分配至我校煤田地质系工作。先后担任教研室秘书、副主任、主任等职务，1983 年担任煤田地质系主任。在我国煤炭系统最早从事水文地质工作，1980 年牵头创建了我校水文地质及工程地质专业。

从立志科学救国，到决心育人兴邦

1927 年农历九月十九日的湖南长沙，岳麓山秋意正浓，山上的枫叶和银杏黄绿相间，美不胜收。然而，此时的中国大地上面临的却是军阀混战、民不聊生。连年的战乱，让长沙这座“楚汉名城”饱受动荡之苦。沈文正是出生在这样一个风雨如晦的年代。沈文 4 岁时，母亲就因贫困和疾病不幸离世，父亲又在不久后失业，沈文在祖父祖母的抚养下艰难长大。随着抗战爆发，沈文一家的生活更加颠沛流离，家中先后有 6 口人不幸离世。幼时的沈文既经历着时代的磨难，又承受着失母的痛苦，家中常常没有隔夜之粮，甚至只能靠典当衣服和借债度日。

尽管生活窘迫，家里还是竭尽全力让沈文接受正规教育。中学时，沈文只能请求学校允许自己先行入学再分期补交学费。来之不易的学习机会，让沈文更加珍惜时光，懂得勤勉读书的重要性，以自强不息的精神面对重重挑战。

在学校老师的启发下，他开始接触进步思想，对侵略者痛恨万分。年幼的沈文从那时起便明白一个道理，要想抵御外侮、强国富民，就必须走一条科学救国的道路。因此，他更加拼命苦读，凭借湖南伢子的一股闯劲，在中学阶段就成为成绩名列前茅的优等生，并已经在数学和物理方面初露锋芒。最终，沈文凭借自己不懈的努力考取了当时被誉为“东方康乃尔”的唐山交通大学，进入采矿系地质专业学习。从此，他的一生便与地矿结缘，“科学救国、矿业报国”的理想也在青年沈文的心中生根发芽。

新中国成立后，国家百废待兴、百业待举。正在采矿系地质专业学习的沈文清醒地认识到，要想建设一个工业化强国，矿业工作肩负着保障能源和重要矿产资源供给的重任，可谓“一马当关，万马难行”。他以更加饱满的热情投入到专业学习中，并以扎实优秀的专业成绩于 1952 年获得提前毕业资格。当时，恰逢中央人民政府对全国高等学校进行全盘调整，他被分配至中国矿业学院煤田地质系任教。他无条件响应国家号召，自此开启了为之奋斗一生的煤炭水文地质教学与科学研究工作。

为了更好更快培养出国家煤炭地质领域的紧缺人才，1953 年，学校又派他到北京地质学院水文地质教研室进修一年，师从苏联专家克雷洛夫。1954 年，沈文加入中国共产党，之后他更是铆足了干劲，把自己全部精力都用在了教学工作上。那时学校办学条件简陋，一切都要从零开始。沈文在高文泰、韩德馨等老教师的指导下，参与写大纲编讲义、找剖面

沈文指导研究生做实验

打标本的工作，并先后担任地质系助教、讲师、教研室秘书和系秘书。在一大批北京矿院地质系前辈的培养下，新中国自主培养的大量煤炭领域地质人才开始走向工作岗位，为早期国家能源发展和经济建设贡献了力量。

开疆拓土搬迁校址，应时育才创办专业

1970 年，学校由北京迁至四川合川县三汇坝办学。沈文担任四川矿业学院建校的先锋队成员，负责院校的选址工作。初入四川，物资设备极度贫乏，住宿简陋，目光所及尽是蜿蜒起伏的华蓥山。乐观开朗的沈文和一众教师一起克服重重困难，承担起为学校新址寻找水源的打井工作。在沈文的建议下，学校迅速找到了适合的水源。

沈文还亲力亲为参与建校劳动，一砖一瓦为学生筑起知识的殿堂。山野丛生，地形起伏，几乎没有适合开展教学工作的平坦土地，沈文和广大建校师生就用一个接一个的钻孔、一管接一管的炸药打破重重阻碍，他们一担担挑起爆炸后散落的碎石，垒砌起了教学楼、宿舍楼和实验场地。“山因脊而雄，屋因梁而固”，在“惊天动地”中，炸药削平了山头，也抚平了师生心中搬迁办学的忐忑与不安。沈文用自己的身体力行打破了艰苦的壁垒，也践行着内心坚守的那份信念。

沈文的儿子沈一鸣回忆，当时一家五口人居住的宿舍是用石

头垒砌起来的，只有外部平整，内部凹凸不平；盛夏时酷暑难耐，为了防暑降温，沈文就往室内的墙上泼水降温，但即使在这样艰苦的条件下，他也不曾耽误教学和科研工作。

1980 年，伴随着改革开放的春风，学校从华蓥山下走向古彭徐州。当时，我国煤炭行业正处于高速发展阶段，随着开采需求不断提升，煤矿开采对矿井水文地质工作提出了更高的要求，而我国在煤矿水文地质方面的研究几近空白。在实际生产中，煤矿每年发生矿井水害问题达上千次、淹井事故上百次，国家急需一大批矿井水害防治方面的专业人才。然而，当时煤炭部所属的九大院校中均未开设水文地质专业。在“科学技术是生产力”的号召下，面对我国煤矿复杂水文地质环境的现实困境需求，沈文极具前瞻性地牵头组织成立了水文地质及工程地质专业，这是当时煤炭院校的第一个该类专业，沈文也因此被誉为“中国矿业大学水文地质及工

沈文指导研究生毕业答辩

程地质专业的开创者和奠基人”。

沈文编写的教材

专业成立之初，沈文和系里几位教师向中国科学院院士谷德振请教开办新专业的有关问题，谷德振强调了煤矿工程地质问题的特殊性，提出应该从煤矿建设和生产实际出发，吸收其他行业工程地质工作经验，实实在在地做出煤矿工程地质自己的东西，不能直接从其他工程照搬。沈文听后，立刻组织教师队伍，集中力量开辟这一新的研究领域。当时，国内该专业尚无较为完善的教学体系，学生上课没有相应的课本教材，沈文就自己组织教师翻译，给学生提供学习教材和参考资料。不仅如此，他还扎根煤炭系水文地质的研究，主持的十几项煤矿防治水科研课题，为专业教学提供了丰富的理论和实践支撑。除了水文地质专业，沈文还参与创办了地球物理勘探专业，积极筹建地质系教学实验室。在物探专业建立初期，由于实验器材稀少，国外器材价格极为昂贵，沈文为了进行教学时不损坏仪器，就自己购置零件学习组装，全力保障教学顺利进行。

唯改革者进，唯创新者强。沈文勇于探索，潜心科研，贯穿其中的是一条赓续百年颜色鲜亮的家国情怀，是风雨如磐仍坚定如一的报国初心。

治学笃实躬行，从教甘为人梯

大学求学期间，沈文就利用寒暑假空闲时间，跟随老教师到阳泉煤矿进行调研学习，这段学习经历让他充分意识到实践能力在地质科学研究领域的重要性。在此后长达 40 余年的教学生涯中，他一直强调要把书本知识同生产实践相融合。

已经成长为国家级教学名师的隋旺华教授是沈文的众多学生之一。他在回忆老师时讲述到，沈老师在本科教学中非常重视对学生的思维方法和实践能力的培养，印象尤其深刻的是沈老师给大四学生开设了一门“注浆堵水”的专业选修课，因为当时没有教材，沈老师写了满满一黑板课程的提纲，从点到面培养学生的发散思维。在教学中，为了同学们能够以更直接、生动的形式理解相关理论，沈文还组织编写了《专门水文地质参考资料》，使得学生在丰富的实例中对理论知识有了更切实的理解。

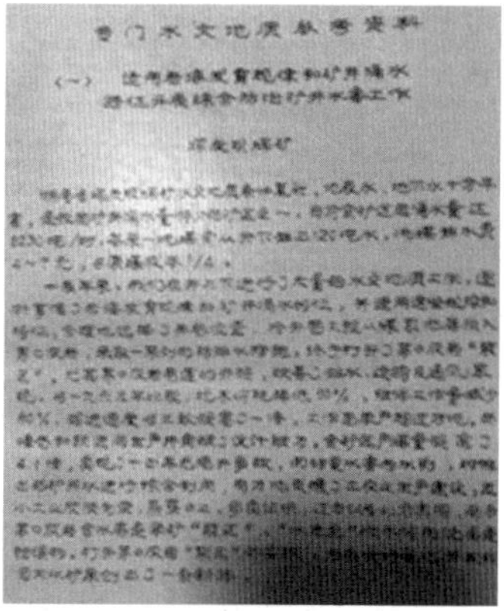
专门水文地质参考资料

沈文手写的教学参考资料

沈文始终站在学生终身发展的高度考虑学生培养的问题，亲自指导学生进行论文写作和科研活动。从教 40 年，他培养了一大批煤矿水文地质方面的技术骨干和栋梁之材。他们有的成长为教授、博士生导师，有的成为总工程师，还有的成长为高校领导干部、大国工匠。

提起沈文的教育教学理念，我校环境与测绘学院的刘汉湖教授深表钦佩。刘汉湖追忆沈文先生时说：“跟随沈老师三载，既学习专业知识，又学习为人之道，收获颇丰。老师的教诲使我终身受益，潜移默化中对我的工作产生了影响。”当年沈文亲自带他们到江西煤矿区调研，时值炎热的夏天，“火炉”烤得人汗流浃背，潮湿难耐。沈文和他们一起辗转多个矿区，带领他们下井调研，了解矿务局的悠久历史，了解不同矿区的地质构造情况和煤矿的水文地质现状进展。“沈老师重视学生实践教育这一点对我的影响最大，在学生的培养过程中，我也尽可能让学生参加会议、外出调研、下井考察，注意培养学生解决实际问题的能力，取得了很好的效果。”

沈文夫妇和学生们合影

山高人为峰，海阔心无界。作为一名地质工作者，沈文始终心系专业、关爱学生、关心同事。他认为自己身为一名教师党员，应该以集体利益为重，把个人利益放在最后，在提升职称、工资评定、业务进修等问题上从不与同事争利益，而是专注于科研。退休后，他始终关注学院的发展。20 世纪 90 年代，地质行业发展不景气，学院因此缺乏资金，发展受阻。看到学院有需要，沈文不顾身体抱恙，义无返顾地投入学院事业发展，为青年教师加油打气，为学院的发展尽最大的努力。在他看来，学有所成，就要踏踏实实地做点事，这才是一个师者的责任和担当。

创新永远无止境，育人永远在路上。时至今日，经过几代矿大人的努力，沈文牵头创办的专业经过不断改革、创新，已经发展为学校的优势专业，为煤炭、石油、冶金等行业培养了一批优秀专业领军和管理人才，为国家能源安全保障和“双碳”目标实现提供了有力支撑，书写了矿大立德树人、科技报国的壮丽篇章。

（作者：孙如华　吴敏　编修：王守刚）

弘毅之士　良有以也

——我国煤矿巷道围岩控制学科主要奠基人陆士良

陆士良（1929—2020），浙江嘉善人，教授，博士生导师。1954 年毕业于东北工学院采矿工程专业，分配到北京矿业学院采煤系工作。我国动压巷道围岩压力及其控制学科主要奠基人之一，无煤柱开采的开拓者之一，国家级重点学科采矿工程巷道围岩控制学术研究方向学术带头人，国家教委科技委地勘矿业冶金学科组成员，获国家科技进步二等奖、中国科学技术发展基金会孙越崎科技教育基金能源大奖等多项奖励。

年少有为——洞视现实拓荒径

20 世纪 50 年代，新中国正如火如荼地开展“一五”建设。作为当时最重要的工业能源，煤炭的生产关系到国计民生。然而，还在起步阶段的煤炭生产存在诸多安全隐患，第一代矿业先驱们坚守着建设国家的信念，在高危的环境中进行科研探索，陆士良就是其中之一。

1954 年，陆士良作为东北工学院采矿工程专业的优秀学生，毕业便被分配到北京矿业学院采煤系工作。参加工作后，他背起行囊驻扎开滦矿区进行现场调研，成为我国第一批开展矿压实测研究的采矿科研工作者。在一年的工作中，他敏锐地察觉到煤矿巷

陆士良（右一）在实验现场

道的突出问题：巷道上面因开采活动而引发的高应力与软岩质地的煤岩层，给巷道安全带来巨大隐患。

1955 年，煤炭工业部召开第一次全国矿井开拓部署与巷道布置会议，特邀陆士良在大会上作了“采动巷道矿山压力及合理布置”专题报告。在这次会议上，陆士良提出了自己在工作中发现的煤矿巷道所存在的问题，他的这一发现得到煤炭部及与会矿务局领导的高度重视和评价。而他也从此踏上了开拓采动巷道围岩控制技术的漫漫长路，并且为之奋斗了一生。

潜心科研——扎根矿山克难关

我国煤矿巷道长度总量达 5 万多公里，由于煤矿巷道围岩松软及采动引起强应力扰动，部分巷道围岩的变形量高达上千毫米，巷道围岩控制因其比其他地下工程更为复杂和困难，成为长期严重困扰煤矿开采的重大关键性技术难题。

面对这一难题，陆士良选择挺身而出迎难而上。他坚信，在采矿科学技术上要想有所突破和成就，就必须扎扎实实地投入到生产实践中去进行科学实验。在此后的 40 多年里，他长期深入矿区，从河南到河北，从山西到山东，平顶山、鹤壁、阳泉、徐州、开滦、峰峰、兖矿、淮南、淮北、铁法、枣庄等地都留下了他的足迹。

经过长期努力，他完成了全国千余条巷道矿压测试和研究，在国内首次全面系统地阐明了采动巷道的矿压规律，并深刻揭示了其与回采空间的动态多维时空关系。他利用煤层开采岩体应力重新分布的规律，深入研究了优化巷道布置和护巷方法，降低巷道围岩应力，控制采动引起的高应力对巷道损害的力学机理，开创了融“巷道布置”“巷道保护”“围岩卸压”“巷道支护”为一体的采动巷道围岩综合控制技术，创建了采动巷道围岩控制的理论体系，形成了我国煤矿巷道围岩控制的技术优势，其成就居世界同类研究的前列。

在不断总结研究成果的基础上，陆士良发表巷道围岩控制论文 120 余篇，出版著作 5 部。其中多篇论文为改革我国厚煤层巷道布置提供重要科学依据。1972 年，陆士良重新开始无煤柱开采的研究。从 1972 年起至 80 年代中期，他先后在平顶山、阳泉、淮北和兖州等矿区进行各种地质情况下的沿空留巷试验，建立了沿空掘巷和留巷及跨巷开采的无煤柱护巷技术体系。其中，“徐州矿区东部夏桥系煤层回采巷道矿压显现规律与支护改革”获 1985 年江苏省科技进步二等奖，“兴隆庄煤矿厚煤层沿空留巷矿压显现规律及其支护形式的研究”获 1986 年山东省科技进步二等奖。在 20 世纪 80 年代，我国无煤柱开采发展的初期阶段，陆士良及时地出版了《无煤柱护巷的矿压显现》《岩巷的矿压显现与合理位置》（发行量 11155 册）等著作，有力地推进了无煤柱开采技术的研究和应用。1994 年，在煤炭部生产司的主持下，陆士良主编了《中国煤矿巷道围岩控制》，该著作系统反映我国煤矿巷道围岩控制的理论研究和技术成就，具有很高的学术水平和应用价值。20 世纪 90

年代后期，他又发表了多篇对控制软岩以及对推进锚杆支护技术方面具有重要价值的论文。他的论著在采矿界引起很大反响，被广泛引用，对推进巷道围岩控制技术发展及采矿科技进步起到了重要作用。

秉持着“从实践中来、到实践中去”的理念，陆士良在潜心钻研并取得煤矿巷道围岩控制技术的重大突破后，又继续扎根矿山，将开创的岩巷布置系统、无煤柱护巷、回采工作面跨越巷道卸压开采等 10 多种采动巷道围岩控制的关键技术投入到矿区的生产实践，在 11 个矿区的 45 个采区的 17 万米巷道中进行了大规模试验和应用，有效地遏制了采动引起的高应力强扰动对巷道的严重损害，使我国厚煤层巷道维护情况得到根本改善，每米巷道的年维护费

陆士良（右一）参加现场指导

平均下降了 83%，采区煤炭回采率由 65% 增长到 90%，取得直接经济效益 3.7 亿元，增加回采煤量 1.1 亿吨，有力地推进了全国厚煤层巷道布置的重大改革及无煤柱开采技术的迅速发展。

陆士良（左一）作报告

与此同时，陆士良还亲自前往面临难题的矿区单位开展科研，帮助企业解决实际问题。兖州矿务局鲍店煤矿是年产 400 万吨的大型矿井，该矿北翼大巷围岩松动，每经采动损害，巷道底板强烈鼓起高达 1.2 米，巷道严重垮塌，致使该矿投产后连年亏损不能达产。担负该矿煤炭运输量 70% 的胶带机硐室也承受着强烈的采动损害，面临被摧垮的危险。1992 年，陆士良受邀前往研究防治对策。这个难题的解决方案在当时国内外还是一个空白领域，但是陆士良啃下了这块“硬骨头”。经过周密的调研和论证后，陆士良提出了在离硐室顶部 5 米的位置开挖与硐室平行的导硐进行爆破卸压的技术方案，最终成功使长达 50 米的大断面软岩硐室完全处于卸压带的保护下，经受了多年反复采动的强烈作用仍未被摧垮，对确保鲍店煤矿正常生产发挥了至关重要的作用。

淮南矿务局谢桥矿的“主动脉”回风大巷位于风化带软岩内，数千米巷道掘出后仅 3 个月就完全坍塌，巷道屡修屡坏，每米巷道的年维修费逾两万元，严重影响该矿的建设和正常投产。正当全矿上下一筹莫展时，矿务局领导请来了陆士良帮助解决这一问题。陆士良带领课题组成员到已经坍塌的巷道中设置了近百个观测站，在只能爬行又比较危险的巷道中测试巷道围岩变形规律及支护承载能力长达半年。在掌握大量第一手资料后，他发现了巷道支架遭到严重破坏并不是因为支架设计能力过低，而是支架与围岩相互作用过程中受力恶化，不能充分发挥支架与围岩自身的承载能力所导致的，从而揭示了软岩巷道长期得不到有效治理的症结所在。基于此，陆士良突破了片面采用重型支架及让压的传统做法，在国内首次提出并采用 U 形钢支架泵送壁后充填技术方案，使支架承载能力提高 5~10 倍，有效地控制了极软岩巷道围岩的强烈变形。1993 年，谢桥矿突发水灾，而新支架支护的巷道长期被淹仍完好无损，验证了陆士良提出的解决方案的科学性。

著书育人——为人师表传伟业

在做出重大科研成果的同时，陆士良也为教育事业呕心沥血，

陆士良的部分获奖证书及著作

先后培养了19名硕士和19名博士，这些学生如今多数已成长为矿山和岩土工程领域的优秀科技骨干。在我国煤矿巷道围岩控制技术重大变革时期，他在全国各地主持和举办了数十期研讨班，对数千名工程技术人员进行培训，传播了巷道围岩控制的理论和科技成果，在提高工程科技人员的素质和能力，培养高层次工程科技人才等方面作出了重要贡献。在教学过程中，陆士良注重实地教学，并且凡事都亲力亲为。一次，在实地考察铁法矿务局小康煤矿极软岩厚煤层放顶煤开采的回采巷道时，面对面积仅有 2 平方米的极难维护巷道，64 岁的陆士良仍坚持下井，在已垮塌的巷道内爬行观察，并在井下手把手地教学生如何观察、分析和解决生产实际中的技术难题。退休后，陆士良仍不忘谆谆叮嘱后辈："煤炭的地下工程花费极大，我们中国矿业大学矿业工程学院的师生们要共同努力，为祖国的煤炭事业作出自己的贡献，绝对不能轻视煤炭。"

陆士良指导研究生

工作以来，陆士良先后主持完成重要工程科技项目 46 项，"极软岩巷道的支护机理及高阻力可缩支架的研究"获国家科技进步二等奖（排名第一），9 项成果获省部级科技进步奖，《中国煤矿巷道围岩控制》获国家教委优秀学术著作奖。鉴于他对巷道围岩控制技术作出的卓越贡献，他被授予中国科学技术发展基金会孙越崎科技教育基金 1996 年度“能源大奖”。成就和荣誉并没有使陆士良产生骄傲的情绪，反而让他沉下心来，以更加谦逊的态度将智慧传递给一代代学生，催开国家能源行业的桃李之花。

陆士良（右三）参加博士论文答辩会

年少有为，参加工作显露才华；潜心科研，破解世界性难题；著书育人，桃李满天下。陆士良扎根矿山，将自己的一生都奉献给了祖国的煤炭事业。士不可以不弘毅，任重而道远。煤炭行业关乎国家能源安全，关系人民生活福祉，陆士良身上肩负着国家和人民给予的重任，一直都为巷道奔波，行走在巷道里，研究在巷道上，思考在巷道中，终身为矿，矢志不渝。

（作者：谢文兵　编修：赵红灿）

谦谦君子　温润如玉

——我校矿山机械学科开拓者李昌熙

李昌熙（1930—2021），浙江海宁人，中国共产党党员，教授，中国煤炭学会会员，我校矿山机械学科开拓者之一。长期从事矿山机械和液压传动方面的教学、研究工作，先后讲授“矿山机械”“采掘机械”“液压元件设计”“液压技术理论基础”“露天采矿机械”“采煤机”等课程；主编《矿山机械与液压传动》《采煤机》《采煤机械化成套设备参考手册》《采掘机械》等教材，翻译《径向柱塞式大扭矩液压马达》《采掘设备的液压传动》《单斗挖掘机》等俄文著作；负责液压支架研制项目、液压支架液压阀研制项目、摆线马达参数研究项目。

深耕矿山机械，潜心“大学问”

1954 年，李昌熙从东北工学院毕业分配到北京矿业学院工作。当时，英国完成了综合机械化采煤的技术革命，极大提高了采煤生产效率。然而中国的煤矿生产还基本靠“人海战术”，机械化程度很低。根据原煤炭工业部部长肖寒的回忆，当时我国县以上煤矿企业职工人数相当于世界 10 个主要产煤国家的总和，而产量只有它们的 1/5。如果仍采用“人海战术”，将产量由 5 亿吨增加到 10 亿吨，届时煤矿职工人数将不可想象。由于地质条件不一样，工人操作水平、技术水平有限，虽然引进了国外的先进采煤机，但初期的使用并不顺利。技术与科研人员要克服重重困难，既要解决引进机器在国内的适配性和改进问题，还要突破制造国产综合采煤成套装备的技术壁垒。

站在采掘机械刚刚起步的历史起点上，李昌熙亲历了我国综合采煤成套设备的“从无到有”，以科研反哺教学，为综合机械化开采技术的引进吸收以及人才培养作出了巨大贡献。他坚持深入科学研究现场，脚踏实地地进行钻研和探究，甚至年逾花甲还深入到煤矿井下调研采煤机、液压支架和掘进机等设备的应用情况和存在的问题。作为采掘机械教研组的一员，李昌熙在基础理论领域做了大量工作，主编了《矿山机械与液压传动》《采煤机》《采煤机械化成套设备参考手册》《采掘机械》等通用和专业教材，全面细致地讲解了综采和综掘机械专业知识。当时国内没有相关资料，也很少有人从事相关研究工作，精通俄语的李昌熙便主动请缨承担起这一领域的翻译工作。凭借渊博的专业知识与较高的俄语水平，他翻译了《采掘设备的液压传动》《单斗挖掘机》《径向柱塞式大扭矩液压马达》等俄文著作，这些译著每一本都成了国内学术界的“宝典”。

时光流转，被专家学者们精心保存在书房里的专著、至今仍然在一些课堂上使用的那一批教材，既见证了李昌熙日日夜夜呕心沥血的付出，也承载了他科研报国、为党育人、为国育才的赤诚之心。

工作的几十年间，李昌熙长期奋斗在教学第一线，几乎以教研室与实验室为家。在他的时间表里，休息是排在末位的，没有周末，更没有节假日，甚至连除夕也常常在办公室工作。他讲授的“矿山机械”“采掘机械”“液压传动”等课程深入浅出，逻辑性强，案例丰富，受到学生的好评。除了在学校给机械专业的学生上课，他还经常给矿务系统的工人们开展培训。为了能够更好地推广采掘机械知识，他专门赴内蒙古拍摄教学片，从录像到解说词，他带领团队全程参与，严格把控好每一环节，力求做好知识与技术的传播与推广。

一生德业兼修，涵育“大品格”

天不言自高，地不言自厚。李昌熙受人尊敬的不止是他的深厚学识，更在于他高尚的道德修养。不论是担任助教、讲师还是后来成为矿山机械系主任，他始终谦和淡泊，不事张扬，宽容有度，坚守着个人的处事原则。“他与人为善，待人真诚，对谁都一视同仁，为人正直，处事也公正，只要是遇到需要帮助的人，他就一定会伸出援手。”相处多年的同事是这样描述李昌熙的。

四川矿业学院建校期间，李昌熙跟工人一起干活，同住临时工棚，同喝山间溪水，用专业知识为建校工作作贡献。学校迁到徐州后，他和采掘机械教研室老师、实验室技术人员等亲自动手，一起建起了一个在当时具有很高水平的专业实验室。在这个过程中，李昌熙的人品受到大家的一致认可。

李昌熙（左二）与机械系实验室教师一起研讨

在担任矿山机械系主任期间，李昌熙坚持社会主义办学方向，为党育人、为国育才，科学规划人才培养、科学研究等发展方向，制定教学、科研及管理等方面的一系列规章制度；严于律己，带头树立清正廉洁的工作、学习和生活作风，发扬党的廉洁奉公、一心为民的优良传统，致力于创设有利于事业发展、有利于教师教学科研的环境和氛围，引导教师在科研兴教之路上走得更远更稳健。

1978 年，我国恢复了研究生制度，李昌熙是学校恢复研究生招生制度后的第一批研究生导师，可谓重任在肩。当时，研究生教育中断了长达 12 年，基本上是一张白纸，重新开设面临重重困难。为了培养造就更多的矿山机械人才，他亲自制定了研究生培养方案、学位课程设置方案，为矿山机械研究生培养工作奠定了坚实基础。

在世人的眼中，教授理应是十分“光鲜”的，然而如果在火车上遇到李昌熙，还真不一定能看出来他是一所大学的知名教授。由于实地考察需要经常出差，他常常衣着简单朴素，坐十几个小时的绿皮火车硬座，挤在招待所六七个人一排的大通铺上。那时候出差没有用餐补助，他一直都是自掏腰包请同行的同事与学生吃饭。作为李昌熙招收的最后一名研究生，机电工程学院原党委书记赵继云教授对跟导师一起出差的印象非常深刻：当时李昌熙已年近花甲，却不愿让他这个 20 来岁的学生帮他拿任何物品，自己背着个大包，包里塞着几张报纸，有时火车上没有位子坐，他就拿出报纸往地上一铺，席地而坐，丝毫没有架子。

退休后，学院发展依然是李昌熙心中的牵挂。他时常询问学院的近况，并提出个人的建议，为学院发展出谋划策。只要学校与学院有活动邀请他出席，他二话不说就从北京赶到徐州。然而自己的困难，李昌熙却选择自己承担。他从患病治疗到去世，一直承担着高昂的治疗费，因为怕影响学院工作，始终没有告诉学院。立风霜而不失坚守，处高位而不改初心。李昌熙数十年如一日的为人处世，正是“言为士则，行为世范”的最好诠释。

坚持言传身教，厚植“大情怀”

在学生眼中，李昌熙老师就是“慈父严师”，无论是指导学生还

李昌熙（前排右二）参加研究生答辩

是科研探索，李昌熙都事必躬亲。60 多岁时，他仍然带着学生为企业做车间设计的项目，并且担任项目负责人、总设计师以及总技术负责人。在没有电脑画图，也没有辅助工具的情况下，要设计出车间内的所有设备需要全手工精细画图，工作量十分庞大，常常需要通宵达旦地画。虽然年事已高，李昌熙却从不把画图的工作全交给项目组的老师和学生，而是坚持自己计算和画图，一丝不苟做好细节的把控，给学生做表率。李昌熙不仅严于律已，对学生要求也十分严格 。尤其是在指导研究生时，从选题、开题、论证、实验、成文到答辩，每一个环节他都全程跟进、悉心指导，中间会进行多次审核、讨论，从不放松对学生的要求。

虽然在学术上对学生要求严格，但在生活中李昌熙却儒雅随和，与学生相处得像家人一样。身为浙江人的李昌熙烧得一手好菜，经常请学生到家里去吃饭。李昌熙关心每一个学生，不仅关心他们的学习，也关心他们的生活。在学生对未来感到迷茫的时候，他会从自身经验出发，结合学生的特点给他们提出建议，并不遗余力地去帮助他们。甚至在学生毕业之后，他也与学生保持着联系，牵挂着每一个学生。“是李老师当时的关心和鼓励，让我有了信心继续把博士念出来，帮助我走出了人生的低谷。”李昌熙的学生、现任西南交通大学机械工程学院副院长、智能机电技术研究所所长的肖世德教授如是说。

人民教育家于漪曾说：“老师讲起来是教书先生，实际上是人生的导师。做人的价值，通过学科教学，能够撒播到孩子心中。”李昌熙常常给学生说的一句话是：“要向前看，我们国家最终会强大起来、富裕起来。”他坚定地将共产主义信念传递给学生，鼓励学生坚守信念不动摇。他的谆谆教诲坚定了学生的理想信念，也为他们指引了前进的方向。在学生的回忆中，李昌熙很少长篇大论地说教，但是他在工作和生活中的一言一行却如春风化雨般影响了学生，引导着学生求真理、守正道。

桃李不言，下自成蹊。李昌熙所带的学生如今都已成为专业领域的栋梁之材。在求学的道路上，李昌熙不仅以高标准严格要求他们，同时也以自己的一言一行为他们树立了榜样。走上工作岗位后，他们仍不忘恩师教诲，努力在自己的行业发光发热，为祖国和人民作出贡献。一位已经毕业多年的学生在提到李昌熙时满

李昌熙（左三）与学生合影

怀深情地说：“我在李老师那里不仅学到了专业知识，更学到了做人做事的道理，一直以来我都将李老师作为自己的榜样，我将一生铭记他的教诲。”

“足迹遍海内，选英育才，机械立根基；桃李满天下，谦和淡泊，矿大有斯人。”这是李昌熙去世时学生所题的挽联，寄托着学生对他的深切缅怀。斯人已去，然“大先生”精神永存。他不仅是在专业领域里严谨治学、授业解惑的“经师”，更是以身作则、润物无声、塑造学生人格的“人师”。他的精神和人格魅力影响着一代又一代的矿大人，赓续传承，奋发有为。

（作者：吴丹妍　编修：刘尊旭）

奋斗驱萧索　不负少年时

——我国开采沉陷领域知名学者马伟民

马伟民（1930—2018），福建福州人，我国开采沉陷领域知名学者，中国矿业大学博士生导师，教授。曾任中国煤炭学会开采损害技术鉴定委员会副主任、中国测绘学会测量专业委员会委员、中国测绘学会第四届理事会理事、中国矿业大学开采沉陷教研室主任、中国矿业大学测量物探系主任等职务。承担理论和生产的研究课题近 20 项，取得显著的理论成果和经济效益。长期从事岩层移动和“三下”采煤的研究工作，参与全国建筑物下、铁路下和水体下采煤规程的制订工作。获省部级科技进步二等奖和三等奖各 3 次。

勤奋求知，不畏艰难——做知识的翻译者

1930 年 6 月，马伟民出生于福建福州，他自小就对科学流露出浓厚的兴趣，立志科研报国。1948—1952 年，马伟民先后就读于焦作工学院、中国矿业学院采煤系。当时国内少有学校开设采煤专业，许多知识和技术只能通过有限的文献和国外资料获得。面对这种情况，马伟民没有气馁，反而更加勤奋求学。他深知，想要在这片学术荒原中开辟出一条光明之路，唯有比常人付出更多的努力和汗水才行。

凭借优异的学习成绩，马伟民于 1952 年 3 月至 10 月被安排在学校俄文专修班学习，并于 1952 年 11 月至 1953 年 11 月被安排在校编译室协助工作。毕业后，他毅然放弃了其他薪资优厚的工作机会，选择留校工作，被分配到苏联专家翻译工作室。1953 年冬，学校聘请苏联哈尔可夫矿业学院矿山测量专业副教授郭尔迪柯来校讲授专业课程、指导毕业设计等，马伟民边学习边作课程翻译，历时三年。在此期间，他协助创办了中国第一个矿山测量本科专业，并开展与煤矿开采沉陷有关的教学、科研和学术活动。1957 年，马伟民前往列宁格勒矿业学院进修。这些经历为他后来从事翻译工作打下了坚实的基础。

马伟民不仅有深厚的语言功底，并且能在翻译中融入自己对科学的独到见解。他多次翻译苏联及西德有关开采沉陷学科的著名专著，如《采动损害及其防护》。他的翻译作品不仅准确地传达了原文的含义，更在字里行间流露出对科学的热爱与追求。此外，他积极引进国外有关开采沉陷的理论和技术，参与编写《煤矿岩层与地表移动》，还曾赴美国西弗吉尼亚大学协作编书，促进了中国与世界的科技交流与合作。

传道授业，教导有方——做知识的传播者

经历旧中国的落后挨打和新中国日新月异的发展变化，马伟民深切感受到，必须培养致力于国家建设事业的全面发展的优秀人才。“科研成果不仅需要技术的支撑，更需要道德的引领”。马伟民将这一理念贯穿育人全过程，除了关注学生的学术表现，他还注重培养学生的社会责任感。在教学上，马伟民始终坚持以学生为中心，力求将复杂的知识讲解得生动有趣。他讲课深入浅出，深受同学们的喜爱。无论是为本科生讲授课程，指导毕业设计，还是培养硕士和博士研究生，他都把学生放在心中的最高位置，不仅在学术上给予他们全方位指导，更在日常生活中尽己所能提供帮助，将自己的青春和热情无私地奉献给了教育事业。退休后，他依然关心着学校的发展与学生的成长，时常回到校园与师生们交流分享经验心得。

20 世纪 80 年代，马伟民带领本科生前往山西的一座矿山进行实地考察。这座矿山地形复杂，环境艰苦，但对学生们来说却是一

马伟民（后排右七）参加国家自然科学基金“九五”重点项目“煤矿上覆岩移动破坏研究”结题验收

次难得的学习机会。他们在矿工的指导下，亲身体验矿井作业流程，从开采到运输，每一个环节都不落下。有一天，矿井机械突发故障，开采进度严重滞后，矿上面临巨大的生产压力。马伟民立即组织学生们分组行动，一部分人负责设备检修，一部分人协助矿工进行手工开采，另一部分人则负责记录和分析数据，寻找问题的根源。在这段时间里，马伟民和学生们每天工作到深夜，分秒必争地调试设备。几天后，故障终于排除，矿山生产恢复正常。矿工们对马伟民和学生们的帮助感激不已，学生们不仅提升了能力，更在心中埋下了扎根基层、投身国家一线建设的精神火种。

探索未知，勇攀高峰——做知识的开拓者

在专业领域，马伟民秉持着不懈的追求与探索精神，勇攀知识高峰。他专注于岩层移动和“三下”（建筑物下、铁路下和水体下）采煤研究，成果颇丰。针对地表移动变形值中的误差，他基于数理统计、误差理论和可靠性数学的一些概念和方法对误差做出估计，以提高地表移动预计工作的可靠性，保证“三下”采煤的正确合理进行；研制基于 BASIC-PLUS 语言的岩层移动最优化程序 YY，应用于各种地质采矿条件下、各种函数形式时的实测地表移动变形参数求定和地表移动变形预计。

马伟民在检测陀螺经纬仪

成绩的取得并非一朝一夕之功，而是经过了无数个日夜的锤炼和磨砺。马伟民常常为一个数据奋战到深夜，忙得顾不上吃饭睡觉。他始终保持与煤炭工业领域的紧密联系，将最新的科研成果应用于生产实践中，先后两次协助煤炭部生产司组织全国性的“三下”采煤学术会议，并协助煤炭部制定颁布“三下”采煤规程，参加《煤矿总工程师手册》的编写，为国家煤

煤矿开采损害技术鉴定委员会成员合影（前排左五为马伟民）

炭事业的发展提供技术指导和战略咨询。

1982 年，第五届国际矿山测量学术会议在保加利亚召开，来自 34 个国家的 600 余名代表出席会议。作为中国代表团的三人之一，马伟民应邀参加主席团会议并主持讨论会。在这场学术交流的盛宴上，他与世界各国的矿山测量学者、工程师就矿山测量学科领域的科学技术成果进行了广泛的学术交流并建立联系，得到国际同行学者的高度赞誉。

退休后，马伟民积极发起并参与了“中国老教授协会”，担任其中矿业分会的主要联络人，主要研究矿区地面塌陷与周边环境的关系问题以及相关的技术鉴定。他所负责的 20 多个项目，有效地缓解了工农矛盾，解决了矿山和村庄间的环境纠纷。因其突出的工作成就，2002 年马伟民获中国老教授协会“老教授科教工作优秀奖”，在新的工作岗位上再次焕发光彩。

在科学探索的道路上永不停歇，在人才培养的事业中步履弥坚，马伟民将一生奉献给科技事业，用智慧和汗水拓展知识的边界。他的人生如同一部探索知识深海的壮丽史诗，每一页都镌刻着勤奋求知、不畏艰难的精神，每一步都书写着科技进步的新篇章，激励着无数后辈在学术与实践中不懈追求，铸就国家强盛之基。

（作者：蔡臻　刘慧申　编修：王守刚）

不是逢人苦誉君　亦狂亦侠亦温文

——我校管理科学与工程学科开创者陈宝书

陈宝书（1930—2005），中国矿业大学教授、博士生导师、科学文化教育顾问，曾任经济贸易学院院长，我校管理科学与工程学科开创者。先后撰写《华东地区能经政策纲要研究报告》等著述推动华东地区煤炭资源合理开发和规划。编写《煤炭工业经济》《江苏省煤炭资源开发和发展战略》等著作，先后承担 6 项国家级科研项目。在学校任职期间，创办了经济法学专业，助推经济贸易学院的学科发展。

青春立志，砥砺奋进

1930 年 8 月，在第二次国内革命战争烽火连天的岁月里，陈宝书出生于天津。青年时期的他，意气风发，向青年进步组织靠拢，想着爱国护国，想着为百姓做点事情。怀揣着对知识的无尽渴望，陈宝书刻苦学习，1947 年 7 月以优异成绩考入天津新学书院。1950 年考入天津津沽大学（现为河北大学）会计系。1952 年全国院系调整时，进入南开大学学习。抗美援朝时期，前线英雄们“愿将热血洒他乡，换得华夏永安康”的精神也不断激励着陈宝书的爱国情怀，这也成为他毕生的追求。

在校学习期间，陈宝书积极参加社会活动和学生进步组织，同时广泛涉猎各专业知识书籍，全方位提升自己。通过理论学习和实践学习，陈宝书愈加理解了个人进步与组织的指导帮助是分不开的，他曾说：“党教育我们，培养我们，是为了劳动人民，是为了祖国，是为了社会主义事业奋斗。”青年时立下的志向，让陈宝书在人生道路上始终充满朝气与向上的动力，在后来的从教生涯中，他始终砥砺奋进，通过个人奋斗为学校事业发展贡献力量。

功不唐捐，玉汝于成

1953 年，陈宝书被分配到中国矿业学院采煤系工作，随后被安排到中国人民大学进行研究生学习。“我时常思考自己所做之事，有没有为国家和人民作出一点贡献。”1956年，陈宝书进入北京矿业学院采煤系经济教研室工作，青年时代的理想从此在这里变为现实。在校工作期间，陈宝书先后担任四川矿业学院经济系副主任，中国矿业学院企业管理系副主任、主任，中国矿业大学经济贸易学院院长。尽管在领导工作岗位上担子日益加重，他仍坚持开展科研工作，钻研业务，时常工作到深夜。在学科建设上，陈宝书作为穆忻普院长的接续者，创办了经济法学专业，助推经济贸易学院的学科发展，健全了学科体系。

20世纪七八十年代，是国家变革发展的时代。此时工业领域尚未完全实现现代化改革，而煤炭作为工业发展的关键能源，其地位举足轻重，但是产能无法满足工业发展对煤炭的巨大需求，尤其是在工业密集的华东地区，这种情况尤为严重，经济发展受到了极大的限制。

为解决发展难题，1985年，陈宝书承担了国家一些重大课题的研究，咨证并编制了《华东地区能经政策纲要研究报告》《华东建设大型商用核电站项目建议书》《两淮煤质开发方案》等工作材料，帮助华东地区合理开发与规划煤炭资源，助推江苏在20世纪80年代发展成为国家工业的排头兵。他还以徐州市的煤炭行业状况为中心，结合煤炭工业发展中的实际问题提出了一系列可探讨研究的问题，如江苏省煤炭开发和战略问题、开发矿用安全仪表新领域的决策分析问题等。

在广泛开展调查研究的基础上，陈宝书先后参与国家级科研项目6个，撰写多篇研究论文，为开创煤炭管理科学研究工作作出重要贡献。他认为，经济管理学科如何贯彻理论联系实际，密切结合社会主义现代化建设中的理论问题和实际问题进行研究是一个十分重要的课题，只有面向实际，实事求是，为社会主义建设服务，科研工作才会具有生命力，才能为教学内容的更迭和教学改革开拓新局面。

20世纪80年代后期，陈宝书以江苏省大屯矿区为基础，开展广泛调研，提出了3份研究报告：《关于建设核电开发上百万吨煤炭可引性的初步分析》《华东煤核联营的引性论证研究》《华东煤核联营综合报告》，全面深入阐释了煤核联营的可能性和实现途径，助推企业走出发展的窘境。在此基础上，陈宝书又先后撰写《煤

陈宝书拟定科研规划

炭工业经济》《江苏省煤炭资源开发和发展战略》《建立以徐州市为中心的煤炭经济区的研究》等著作。他在进行科研调查时，始终坚持从江苏省实际情况出发，同时从战略发展的高度，超前提出对全省能源工业的发展有价值的建议和报告。

丹心化雨，桃李芬芳

从教 39 年，陈宝书始终以理想信念为引领，以开拓进取的工作作风，在工作岗位上兢兢业业，履行着传道授业解惑的师者职责。在教学行政管理工作中，他也积极创新改革，注重加强与煤炭部各司局以及地方的广泛联系，拓展外部资源，开展多层次办学。

对于青年教师的成长，陈宝书主动为他们搭建舞台，在他的推荐和指导支持下，很多老师加入徐州市、江苏省以及煤炭部的部分专业委员会和学术研究机构。厚爱的同时是严管。一次一位青年教师穿着拖鞋去上课，被他发现，当场就严厉批评。他说：“我们做老师的就是要言传加身教，必须加强自我要求，这才对得起这份职业。”

对于学生的成长，陈宝书严爱并济，他所培养的许多研究生都成长为所在岗位上的骨干精英。在教学工作中，陈宝书一丝不苟，他不仅注重提升教学质量，还注重创新教学方法，在学生中开展第二课堂活动，培养学生的独立思考能力。此外，他还广泛开展案例教学，指导大学生参加社会实践和社会调查活动。他指导的企业管理 81 级校友彭宇敬的社会调查论文在全省大学生社会调查论文比赛中获得一等奖，指导的班级荣获江苏省和徐州市的优秀集体。学生王慧敏教授回忆："陈老师在管理科学与工程领域具有极高的地位与影响力。在日常生活中比较威严，具有权威性，对于学生要求很严格，思维既具有高度又具有批判性。在与我谈论选题的时候，总是能时刻关注我的想法，进行详细的指导，引领我对选题深入思考。陈教授虽然严苛，但我始终感谢陈教授给予的指导，他以身作则为学生们树立榜样，每天上午都会早早地在阅览室读文献。他的知识面之广，对问题认识之深刻，是我现在想起来都望尘莫及的。"严格要求的背后倾注着他对学生无尽的爱。一位校友回忆："陈院长那时候经常到我们学生宿舍谈话，有同学家庭困难，陈院长就主动把饭票送给学生，就像我们的亲人一样。"

陈宝书在学校煤炭工业经济教学工作方面也做出了巨大贡

陈宝书给工农兵学员上课

硕士论文答辩现场

献，他牵头组织对煤炭工业经济教材内容进行了较大幅度的更新，对于煤炭工业发展中的实际问题做了一些有价值的研究。

许道光教授与陈宝书共事多年，在他眼中，陈宝书是“一个特别踏实的人”。许道光介绍，一门学科的主要标准，在于它的系统性、逻辑性及实践性。“陈宝书所编写的《煤炭工业经济》教材从整个国民经济全局出发，对于煤炭工业生产计划、布局、资源利用，其中包括环境生态系统的保护和煤炭工业科学技术发展政策，作了系统的阐述，并讨论了煤炭工业企业的内部科学管理问题。他对煤炭资源有比较系统的认识，并根据实际需要大量引进国内外先进的经验，为这一部门经济的实践提供了更好的思想及工作方法。”

（作者：吴文哲　解晓倩　张悦滋　陈彦君　顾艳艳　陈红微　编修：李秀）

志士轩昂非自谋　一生长为国家忧

——我国矿山压力与岩层控制学科主要奠基人之一钱鸣高

钱鸣高（1932—2022），江苏无锡人，中国共产党党员，中国工程院院士，我国著名采矿工程专家。矿山压力与岩层控制学科主要奠基人之一。提出了采场上覆岩层的“砌体梁平衡假说”以及老顶破断规律及其在破断时在岩体中引起的扰动理论。创立的“砌体梁”力学模型被收录于《中国大百科全书·矿冶卷》有关条目，且作为基本理论编入教科书，同时构建以采场上覆岩层活动规律和支架－围岩系统控制为一体的实用工程理论体系，成功解决了中国许多矿区工作面低产和安全（防止冒顶）的关键采矿工程难题。先后编写了《采煤学》《矿山压力及其控制》《中国煤矿采场围岩控制》《岩层控制的关键层理论》等著作 10 部，发表论文 140 余篇。

历经苦难　奋进担当

1932 年 12 月 11 日，钱鸣高出生在江苏无锡的一个小镇上，父亲是锡澄长途汽车公司的职员。5 岁那年，抗日战争爆发，他父亲也在这一年因患肺结核而去世，家庭失去了主要的经济来源，钱鸣高少年时代饱尝了民族的苦难及生存的艰辛。

小小年纪的他，目睹了日本侵略者对中国人民的践踏，也激发了他救国的信念。多年以后的他回忆：“我在小镇读初中时，抗战还没有胜利。那时每天上课，我们一听说日本人来了，就赶紧收起课本，把日文书拿出来装模作样，等日本人走了，我们才能继续学习。刚刚懂事的我从那时起开始受到‘科学救国’思想的影响，我坚信，国家的兴盛必须走发展重工业的道路。”

1947 年，钱鸣高考入了省内著名的高级中学——苏州中学。这所中学曾培养出很多著名的科学家，走出了 30 多位院士。在这里，他广交良师益友。中学阶段对于一个年轻人来说，是树立理想和思想启蒙的年龄。当时钱鸣高迷恋物理学，想成为一名物理学家，但到了 20 世纪 50 年代初，党和国家把建设重点放在重工业方面，而东北是重工业发展的基地，钱鸣高便树立了为发展祖国重工业作贡献的远大理想。

1950 年，钱鸣高考入东北工学院机械工业系。当时，组织上号召该校大学生学习采矿。“哪里需要到哪里去，哪里艰苦到哪里去。”“国家需要能源，煤矿是最艰苦的行业。”在这人生的又一个转折点上，钱鸣高毅然选择了自己的终身事业——采矿，从此把一生都献给了中国的采矿事业。

1954 年，钱鸣高凭借大学期间的优异成绩和独立的科学探索能力，毕业后被分配到北京矿业学院，师从张正平教授及苏联专家洛莫夫，开启研究生阶段的学习。他非常珍惜继续深造的机会，刻苦学习，全身心地投入到科学研究中。在阜新矿区时，严重腹泻的他仍坚持下井测定数据，长时间的超负荷运转状态，使他的身体难以支撑。1956 年初，经医院检查，钱鸣高患上了空洞型肺结核。在学校的帮助下，他在北京亚非学生疗养院治疗。经过近半年的疗

钱鸣高（前排左三）在煤矿井下

养，病情终于得到缓解。

探究真理　引领时代

“苟利国家生死以，岂因祸福避趋之。”众所周知，煤矿开采后的岩层运动是形成井下事故的根源，矿难有一半都是顶板事故。矿压研究，就是研究矿工头上顶板的压力变化规律以及应采取的防范措施，而钱鸣高自 1957 年留校任教开始，便致力于影响煤矿安全生产的矿山压力及其控制的研究，一坚持就是一辈子。我国是世界上最早开采煤炭的国家，明代宋应星在《天工开物》一书中就具体记述了用立井开采以及在井下进行支护和充填的情况。但此后，在这一领域中，中国人沉默了几百年——在众多的矿压理论假说中，见不到中国人的踪影。钱鸣高瞄准的这一方向，也是世界范围内困扰采矿工程领域安全的一个非常重要的课题。

开始的时候，钱鸣高缺少各种研究条件，连井下观测用的仪器都是自己设计，土法上马。为了取得极为珍贵的第一手资料，他的足迹遍布祖国南北各大矿井，甚至亲身经历过冒顶的危险场面。在“文化大革命”期间，他虽然受到挫折，仍和同事在井下观察岩层运动，记录、分析数据，进行矿压研究。他选择的采场上覆岩层活动规律主攻方向一直是国内外采矿界关注的焦点，这个问题的解决不仅可以在机理上解释形成矿山压力的一系列原因，还可以为防治顶板事故找出根据。研究的过程是枯燥的，也是艰难的，但是他常说："一个人心中只要有理想，踏踏实实地去做了，总会有回报，即使一时没有回报，也不要失望。"

"千淘万漉虽辛苦，吹尽狂沙始到金。"1982 年，有着 20 余年经验积累的他终于"守得云开见月明"。1982 年 4 月 5 日，国际岩层力学讨论会在英国纽卡斯尔大学举行，来自英国、美国、日本、中国等 10 多个国家的 150 多位专家、学者参加了会议。钱鸣高的《采场围岩活动规律及其对矿山压力的影响》论文宣讲结束，几十秒的沉默之后，会场上响起了雷鸣般的掌声。这是他首次在国际学术会议上提出"砌体梁"理论。会议分组主持人维特克博士说："我不久前曾到过中国，曾考虑过同样的问题，想不到钱先生对这些问题已有了高深、新颖的见解"。

实践证明，"砌体梁"力学模型是"迄今以来解释采场矿山压力的最完善的力学模型"。来自美国、土耳其、印度等国家的科学家将该理论称为"钱氏理论""鸣高模型"。该理论被录入《中国大百科全书 · 矿冶卷》"长壁工作面地压"条目，作为基本理论编入了教科书，为矿业高等院校广泛采用。继首创"砌体梁"力学模型后，钱鸣高又创立了视老顶岩层为弹性基础上悬露板的力学模型，研究了"板"破断时引起的扰动 - 反弹现象，提出了利用断裂与来压时间差及破断时扰动信号预报老顶来压的新方法。

钱鸣高的成就将中国的矿压研究推进到了国际先进水平，荣获煤炭行业第一个国家自然科学奖。其在采矿工程学科建设及矿山压力理论和实践中做出的系统、全面而具有开创性的成果，推动了中国煤炭科技产业的发展和进步，为保障煤矿在复杂困难生产地质条件下正常生产，保障煤矿工人的生命安全和高产高效工作作出了重大的历史性贡献，将我国煤炭开采带入一个新的时代。正如中国工程院院士谢和平在 2011 年科学采矿论坛上所说：“钱院士建立的模型、提出的思想理念，不在于模型及思想理念本身，更是煤矿开采成为一门科学时代到来的标志和象征。使人们深刻地认识到煤炭开采不仅是一门技术，更是一门科学；煤矿开采不只需要经验，更要有理，也更需要理论。”

自强不息　捍卫荣誉

1982 年，钱鸣高在英国国际岩层力学讨论会上发表了有关采场上覆岩层岩体结构模型的论文后，拜访了一些外国学者与教授，并表达了学校方面邀请他们访问中国的意愿。在邀请某一位教授时，钱鸣高提到我国在岩层控制方面做了大量的实际工作，而且也取得了一定的成绩。当时这位外国教授的回答是：“你们的文章都是用中文写的，没有影响力。”这些话深深刺痛了钱鸣高。

外国专家对中国学术的轻视，这一点他早在 1980 年访问西德埃森采矿研究中心时就深有体会。当时钱鸣高虽然已是副教授，但对外仍以工程师的身份访问与参观。在办公室，他与实验室主任布希曼面对面办公。当时中国刚刚实行改革开放，很多外国人认为中国仍然是一个贫穷落后的国家，根本瞧不起中国人，因此经常会拿一些题目对钱鸣高进行测试。可想而知，如果答不出来，布希曼会怎样看待中国的工程师，但钱鸣高完美地给出了解题答案，赢得了尊重。

1985 年，钱鸣高重访德国，期间参观了韦斯伐里亚支架厂。厂方经理在展示厅里演示他们的产品，并介绍其中几个型号的支架已经出口中国。钱鸣高告诉德方，有一个型号的支架在中国的煤矿生产中损坏严重，该厂总工程师立刻滔滔不绝地大谈支架应如何操作才不至于损坏，显然是认为支架的损坏是由于中国工人操作不当造成的。钱鸣高当即针对这个型号支架的力学特性、在特定条件下的“支架 - 围”适应性以及造成损坏的原因做了全面系统的分析，此时那位总工程师再也不作声了。

马克思说：“科学绝不是一种自私自利的享乐，有幸能够致力于科学研究的人，首先应该拿自己的学识为人类服务。”钱鸣高告诫学生：“采煤是一项艰苦的事业，采煤的科研工作更是不寻常的事业，但是艰苦能磨砺人的意志，生命有限而人民的科学事业却永无止境，一代代努力下去，在祖国发展的过程中，我们一定能用辛勤的汗

钱鸣高（右一）在现场指导学生

水去洗刷历史遗留下来的屈辱，使我们的民族立于世界民族之林。我们不仅要对几百万煤矿职工负责，更要对国家、社会作出贡献，要使我们的学问在人类创造的知识宝库中有一席之地。”

师者匠心　甘为人梯

长育人材今久矣，行看中选尽英豪。1957 年任教以来，钱鸣高历任北京矿业学院助教、讲师，四川矿业学院讲师、副教授，中国矿业大学副教授、教授、采矿工程系系主任，全身心投入煤炭行业人才培养，从未离开过三尺讲台。他把对祖国的热爱、对科学的挚爱、对煤炭工业的钟爱融入教育事业，于 1962 年培养出我国煤炭系统第一位采矿工程专业硕士研究生，于 1987 年培养出我国煤炭系统第一位采矿工程专业博士研究生。“桃李不言，下自成蹊”。如今，很多学生已经成长为院士或者是我国煤炭行业、国内外大学及科研机构的中坚力量。

“搞煤矿的做学问，要沉下去，才能浮起来。”在为师为范的道路上，钱鸣高始终坚持言传身教、甘为人梯，包容并蓄、宽厚待人。他把自己全部的知识和情感都投入到开拓学生思想、启迪学生智慧当中，还经常亲自带着学生下井实践。在他的《为办成世界一流采矿学科而奋斗——我的科研经历和感悟》一文中，他剖析了自己的科研体会：要了解问题的主攻方向，要了解该领域的研究成果及存在的问题；加强实践，不断观察出现的现象；创新是突破原有知识与思维方法在解决实际问题中碰撞出来的火花。据他的博士生朱德仁回忆，钱院士几十年如一日，始终奋斗在教学科研一线。学生从他那里获得的不仅是知识，更是感动和力量。他对青年教师更是倾力相助、大力提携，手把手地教会他们如何做学问、如何做科研、如何申请项目，对学术争论更是表现出了极大的欢迎。年事已高时，他也不定期地举办讲座，利用一切机会为培养人才尽心竭力。

做人和做学问的关系一直是钱鸣高最为关注的。他说，做研究工作的人，应该是心态平和的人，应该是能耐得住寂寞的人，应该是有团结精神的人。他告诫青年学子，从事科学研究要有虔诚的精神，才能排除名利的干扰，才能逐步形成正确的思路。而正确的思路源于实践，创新的灵感源于对前人知识的汇集与现实的碰撞，研究的成果也必须得到实践的检验。科学研究是一个“实践—理论—再实践”的完整过程，同时要保持勤奋，勤于实践、勤于学习、勤于思考、勤于总结，“四勤”缺一不可。在科学研究过程中还要注意“整体—局部”“森林—树木”“现象—本质”的关系，这样才能少走弯路，避免钻牛角尖。

对于人才培养，钱鸣高有着自己独到的见解。多年以来，他密切关注行业人才的培养。“煤炭行业还有太多的技术难点有待解决，急需大量人才。要培养一支懂科技、经济和管理的人才队伍来推动煤炭行业的可持续发展。我国地质条件复杂造成煤炭开采难度大，社会应该在煤炭科技方面付出更大的努力。行业需要人才，人才需要事业心，这样才能提升我们行业的社会形象。可以说，采矿工作者的事业心是煤炭行业的灵魂。”钱鸣高院士如是说。2015年、2017年，钱鸣高先后在相关会议上分别作了“煤炭的黄金十年到能源革命与行业人才培养”“能源发展对煤炭行业的影响兼谈人才建设”的主题报告。他对煤炭科技人才的培养工作做了这样的阐释：高校是人才培养的基地，关注学校各类人才的培养，造就一流的科学家和学术领军人物是学校的责任。我们要总结“煤炭黄金十年”发展的经验教训，研究资源经济、环境经济，积蓄行业发展力量。

生命不息，奋斗不止。耄耋之年，钱鸣高仍心系煤炭行业发展、采矿学科建设和人才培养，他经常去学校和学生们一起分享国

钱鸣高为在校大学生作专题报告

际上最新的学术动态，还会参加一些国内外的会议，为煤炭行业发声。他不仅仅是为煤炭行业科技工作者"注满了一桶水"，更为他们在煤炭科学的前行道路上"点燃了一把火"！

心系家国　胸怀天下

"繁霜尽是心头血，洒向千峰秋叶丹。"当选中国工程院院士，获全国五一劳动奖章，获"全国先进工作者""煤炭科技功勋"等荣誉称号，被选为全国煤炭学会名誉理事长……按理说，取得如此成就已经足慰平生，可以安享晚年了，但是钱鸣高院士却始终不忘科学报国之初心，一直关注煤炭行业的转型发展，引领行业进步。

进入 21 世纪，中国经济进入高速发展阶段。基础设施建设对电力、钢筋和水泥的需求量猛增，而这些都需要煤炭的支撑。我国煤炭年产量很快由近 10 亿吨提高到 40 亿吨，接近全世界产量的 40% 至 50%。但与此同时，大规模的开采和利用也超过了环境容量，对空气质量和开采地的水资源、土地以及区域环境带来严重影响。煤炭在为国民经济发展作出重大贡献的同时也受到社会的责难。污染防治攻坚战深入推进，对煤炭行业提出了高质量发展的新要求。煤炭是自然的宝贵馈赠，作为中国主体能源的地位仍未改变。在"去煤化"呼声涌起的背景下，煤炭革命的路究竟该怎样走？钱鸣高也有深入思考。

他强调，煤矿开采是人类获取自然资源的手段，但与其他行业

钱鸣高在 2011 科学采矿论坛作报告

相比，煤炭行业建设周期长、退出机制不完善、对环境负面影响较大。经过多年探索，钱鸣高形成了关于煤炭行业绿色发展问题的系统思考：必须要在环境容量内开发和利用煤炭资源，在人类从自然环境中对资源“获取—使用—回归”的整个循环中，必须尊重自然意志、遵循自然规律，时刻不忘回馈自然和养护自然，在人类和自然之间建立起复合的生态平衡机制。

2003 年，钱鸣高基于开采引起的岩层运动对岩体内瓦斯和地下水以及地表等环境的影响，提出了煤矿绿色开采的概念，开创了一条系统的煤炭环保开采之路。“绿色开采”的基本概念是从广义资源的角度来认识和对待煤、瓦斯、水、土地等一切可以利用的资源，基本出发点是从开采的角度防止或尽可能减轻开采煤炭对环境和其他资源的不良影响，其技术体系涵盖了保水开采、煤与瓦斯

钱鸣高在实验室为学生作示范

共采、减沉开采、井下矸石处理、煤炭地下气化等一系列绿色开采技术。

著名采矿专家 A.K.Ghose 对此专门作了评论：“中国专家在绿色开采技术方面的创新性发展是基于‘关键层’理论。关键层理论巧妙地把岩层移动和上覆断裂岩层中瓦斯和水的渗流及流动结合在一起。这些技术为减少采矿对环境的破坏提供了方向，有望改变煤矿开采作为环境破坏者的面貌。”

随着我国经济社会的快速发展，低碳环保理念越来越深入人心，但煤炭作为主要能源的现状在短期内仍然无法改变。对此，钱鸣高不遗余力地呼吁：煤炭开采业应该脱离高危行业。因此，珍惜资源、发展机械化和自动化、保护环境和保证人员安全的“科学采矿”是必然的选择。科学的产能不应仅仅是资源量的反应，而应该是可持续的资源量与科学技术、人才和装备的综合体现。

科学采矿理念在行业产生了良好效应。2018 年，我国煤矿的百万吨死亡率降低到 0.15，达到世界产煤中等发达国家水平。同时为了保护开采地的环境，大力发展充填技术和复垦等技术，有学者还制定了科学产能以及煤矿开采科学性的评分标准，为各种条件下科学采矿提供了方向。钱鸣高提出的资源应该实现在环境容量内的科学利用，这事实上也是煤炭行业“由大变强”的必由之路，是煤炭科学的发展方向。

钱鸣高在从事煤炭科教事业六十年暨八十寿辰庆祝会上讲话

后辈眼中的他，是煤炭行业里的一颗巨星，但他谈及自己时，却十分谦逊低调——“有人说我是我国矿山压力与岩层控制学科的奠基人，我自己从来没有这么认为过，取得了一些成绩只是因为这个科研方向在我研究之前，尤其是在新中国成立前，基本是一片空白。我们的科研人员搞科研，一定要勤奋，有严谨的学风，胸怀大志，耐得住寂寞，兢兢业业做事，切忌浮躁。我希望通过煤炭科技工作者和社会的努力，使煤炭早日脱离高危行业，使煤炭行业成为社会欢迎的行业，能够聚集高级科技人才的行业。我希望自己和广大煤炭科研人员一起，利用好有限的人生，使科学研究以最高的效率、像接力一样不断传承下去，以达到科学的顶峰，造福于人类。”

（作者：曹胜根　杜薇　编修：刘尊旭）

教书育人谱大道

——我校管理科学与工程学科先行者穆忻普

穆忻普（1932—2017），辽宁沈阳人，中国共产党党员，教授。我国最早的管理学研究生之一，曾任四川矿业学院经济系主任、中国矿业学院企业管理系主任。20 世纪 80 年代，研究开设具有中国特色的管理学课程，先后为本科生、研究生开设 21 门课程。主编、参编教材 6 部、讲义 10 多种，其中的《煤炭企业生产管理》《企业经营管理》等教材为我国煤炭行业培养了大批企业管理人才，对推进国有企业改革起到促进作用。

立志报国　求学问道

1932年，穆忻普出生于辽宁沈阳一个书香之家，她自幼便沐浴在对国家无私奉献的家庭氛围之中。“大儿女见大世面，小儿女识大文章”“学有所长，报效祖国无疆”。那时的中国，是蒙难的中国，日本侵略者的铁蹄，混杂着无数中国平民的血与泪，在无助的中国国土上肆意践踏。穆忻普自小便受到父辈言传身教的熏陶，在心中种下了求知与爱国两颗种子，日后在风雨里逐渐生根发芽。

1951年，穆忻普考入东北工学院（现东北大学）采矿系，开始了她的大学生涯。在这里，她目睹了东北工业的迅速发展，感受到国家建设对人才的迫切需要，更加坚定了要以自己的学识和才能报效祖国、建设新中国的决心。多年以后，这位耄耋之年的老人还常常回忆起大学里的晨练晚读、课堂实验、操场锻炼，校园里的春夏秋冬、花开花落以及自己那时的喜怒哀乐和鸿鹄之志。

“逝者如斯夫，不舍昼夜。”四年大学时光很快过去，穆忻普以优异成绩完成了本科学业。为了进一步提升自己，她毅然决定攻读研究生，于1955年进入北京矿业学院采煤系学习，并接受了来自苏联专家的系统培训。北京矿业学院是她接受研究生教育并逐步拓展管理学科知识的平台，学院教师和苏联专家不但在学业上给予了她无私的指导和帮助，同时也成为生活中指引着她前进的一束光。受益于老师和专家们的倾囊相授，穆忻普奠定了坚实的管理学知识基础，并培养了自己严谨求实的学术态度。她曾经感激不已地回忆起老师和苏联专家们热情洋溢的面庞和谆谆教诲的声音，由衷地说：“他们是我的贵人，是我的榜样，是我的财富。”在学院教师和苏联专家的悉心指导下，穆忻普顺利完成了学业，取得了硕士学位，成为我国最早的一批管理学研究生之一。

1958 年 9 月，穆忻普留校在北京矿业学院采煤系担任教职，正式投身教书育人工作，着手教授管理学相关课程。站在三尺讲台上，当看到台下学生们求知若渴的眼神时，她感到了欣慰与自豪。此时的她，觉得自己是个火炬手，为后辈们照亮了前行的路。

敬业爱生　笃学勤创

从教 50 多年里，穆忻普为完成教书育人的使命倾尽心血。她的学生周敏教授回忆道：“穆老师对教学工作极其投入，备课极其认真，每节课的讲课内容都反复推敲、精心设计，并全程流利讲授，确保教学质量。她还坚持不断思考如何持续改良讲课方式，总要做到尽善尽美。”

穆忻普时常会邀请学生到自己位于校园边的小屋做客。周末一到，这些被邀请的学生就会兴冲冲地来到穆教授家中，因为他们知道，那里不仅有师长殷切的教导，更充满着家的温馨。围茶而坐，穆忻普细心了解学生们的困难和实际需求，从生活状况到专业学习，从课本知识到人生理想，无不关切有加。如果临近晚饭时间，她还会邀请大家共进晚餐。餐桌上，大家就像一家人那样天南海北地聊着天，其乐融融。穆忻普的女婿郭西进教授笑着“抱怨”道：“她把学生当成了自己的孩子，甚至对学生的关心要超过对子女的关心，对学生的教导要多于对子女的教导。”

1975年，穆忻普开始担任经济系主任的职务，她兢兢业业，尽职履责，一直承担这份工作近十年，受到领导和同事们的一致好评。从北京矿业学院到四川矿业学院的变迁，从四川合川到江苏徐州的搬迁，在她的带领下，师生们共同努力，顺应时代要求，不断拓展学校的经济系学科专业，办学内涵和水平也日益提高。

担任系主任期间，穆忻普不仅注重管理学科的建设和发展，还注重教学质量的提高和人才培养方式的创新。她积极推动教育教学改革，引进和借鉴国内外先进的教学理念和方法，编写和修订了

穆忻普参加86级劳动经济管理专业毕业论文答辩

穆忻普讲解课题思路与构想

多部适应时代需要和学生需求的教材和讲义，开设了多门新课程，同时承担和完成了多项富有经济效益的科研项目，发表了多篇有影响力的学术论文，为国家和社会的经济管理提供了有价值的理论和实践支持。此外，她还积极参与社会服务，为国家和地方的重大决策提供了咨询和建议，为企业和机构提供诊断和培训。据同事回忆，她在对某矿务局的经济发展预测上，还创造了与实际年度经营额仅相差几毛钱的神话。

不忘初心　躬耕不辍

1984 年 8 月，年过半百的穆忻普获得组织批准辞去系主任职务，全身心投入管理领域和教育领域的探索。她在教学内容、方法和模式上不断进行改革和创新，积极推进教材建设，根据实际需要和学生学习特点，先后主编、参编教材 6 部、讲义 10 多种，为本科生、研究生开设课程 21 门。因其教学效果突出，多次受到学校和江苏省的表彰。她注重培养学生的创新精神与创新能力，鼓励学生参与科研项目和创新竞赛，指导学生发表论文和申请专利，带领学生走出校园，参与社会实践和服务，培养了一批又一批高素质复合型人才。

20 世纪 80 年代，我国正处于从计划经济体制向市场经济体制转型的重要时期，作为管理学的先行者，穆忻普扛起开拓创新的重担。在学校的支持下，她积极着手开发具有中国特色的管理学课程。为适应煤炭系统对管理人才的需求，穆忻普先后参与编写

穆忻普（前排左四）与留校工作学生合影

穆忻普在校园留影

了《煤炭企业生产管理》《企业经营管理》等一系列教材和讲义。在编写过程中，她努力消化吸收西方管理学成果，深入企业考察交流，以服务煤炭经营发展为依归，积极探索具有中国特色的现代企业管理新路。这些教材为我国煤炭行业培养了大批企业管理人才，在推进国有企业改革方面发挥了重要作用。穆忻普以自己的行动践行了“育人报国”的初心，以至诚报国、砥砺前行的品格助力一代又一代学子成才。

尽心竭诚　倾囊相授

1996 年，65 岁的穆忻普教授到了荣休之年，而这位笃行育人之道的长者，却并没有就此离开三尺讲台，安享晚年。应学校的邀聘，她出任教学督导组组长，重新回到了自己最熟悉的校园。视教书育人为使命的她，退而不休，继续以老师的身份勤耕不辍，继续为学校的教育事业发光发热，以实际行动回馈党和人民。

返聘后，穆忻普的第一个任务就是观摩和指导新教师的课程试讲。每逢有试讲，她都会第一个来到教室，静静等候着年轻教师的到来。上课铃一响，她便全神贯注地倾听，详细记录下每位新教师教学的优缺点。试讲中，有时见年轻教师过于紧张，她便会摆摆手，温和地说："别紧张，相信自己。"有的人声音洪亮、条理清晰，有的人则措辞生涩、底气不足，但无论他们表现如何，她总是一视同仁，认真听完每一个人的试讲。讲课结束后，她会逐一点评，对于表现出色的老师，她会不吝赞美之词；对于教学方法存在不足的，她也会耐心指出并提出改进建议，分享自己多年摸索出的经验和心得。就这样，在短短三年间，穆忻普共参加了 51 位新教师的试讲工作，给他们指导把关，促使他们的教学能力水平得到了全面提升。

除了观摩和指导试讲，穆忻普还对新任教师们的正式上课能力进行严格把关。她时常随堂听课，跟踪新教师的授课情况。据统计，2002 至 2005 年三年间，她随堂听过 207 人次的课程。在繁忙的教学督导之余，穆忻普每年都会参加学校组织的教师讲课比赛，并担任评委，从第六届到第十二届，她始终坚持做一位"铁面无私"的评委。她会仔细聆听每一位选手的授课情况，时而点头赞许，时而皱眉沉思。待比赛结束，她又会条理清晰地点评每位选手的优缺点。她的评语中肯睿智,为比赛增添了极高的公信力。

每逢学校有大型教学评估工作,穆忻普都会带头参与,细细检查每一份支撑材料,并提出中肯意见。在检查工作资料时,发现了一些不规范的地方,已年逾古稀的她仍亲自加班指导相关老师修改完善,以提升教学管理水平。就这样,日复一日、年复一年,75岁、76岁……直至79岁高龄,她依然孜孜不倦、尽心尽责。她就是这么一位始终如一的老师,用自己的行动诠释了什么是教育者的责任和担当。

"她的退休生活依然是三点一线,教室、图书馆和家,不仅仅是因为责任,更是因为热爱。"郭西进说,"她是一位坚定的共产党员,一位忠诚的爱国者,一位敬业的教育者,一位博学的学者,一个高尚的人。"也因此,许多年轻老师都以穆老师为榜样,激励自己决不

穆忻普(第一排左三)与毕业生合影

穆忻普（前排左一）80 岁寿辰

懈怠，努力向她学习。穆忻普用自己的实际行动，以老骥伏枥、鞠躬尽瘁的精神和退而不休的人生态度，影响和激励着后来者，成为青年教师传承优良教风的楷模。

（作者：林诗棋　赵霄　李婧旖　甄云霄　刘恒　编修：龚成）

爱国心　报国情　强国志

——我校采矿工程国家重点学科带头人侯朝炯

侯朝炯（1933—2023），四川自贡人，中国共产党党员，教授。我国著名煤矿开采专家、教育家，我国动压、软岩巷道矿压理论和围岩控制技术的奠基者和开拓者。长期致力于煤矿巷道矿压理论与控制方面的研究，建立了动压、软岩巷道矿压新理论，开创了巷道金属支架支护技术发展的新途径，发明了新型高水速凝材料，创立了“煤巷锚杆支护”的理论基础并进行了大量的应用研究，推动了我国煤炭科技事业的发展，为我国煤炭工业作出了卓越的贡献。

富贵不能淫　一心为祖国

1933 年 1 月 14 日，侯朝炯出生于四川省自贡市。父亲侯策名是自贡首屈一指的盐场领袖。优越的家庭条件并没有让他养成养尊处优的习惯。侯朝炯曾回忆：“我父亲一生节俭，不让我们贪图享受，我们都是住校，即使是寒假，过完大年初一，就催促我们回到学校。”1955 年侯朝炯大学毕业分配在北京工作，没有一件像样的衣服，他五哥要给他买件短皮大衣。父亲对几个工作了的儿子说：“你们每人出 10 元钱，不够的我出。”就这样，他才穿上了第一件短皮夹克。

侯朝炯说，勤奋、俭朴、学习，是他父亲留给这个家族的最大精神遗产。在良好家风的熏陶下，兄弟姊妹都成为有用之材。侯朝炯的哥哥在抗日战争时期就加入了新四军，后担任新四军团政委，经常写信回家宣传革命。受哥哥的影响，侯朝炯从小就热爱党，积极参加爱国学生运动，将自己的理想与祖国的需要紧密地联系在一起。“我的一生都是与党的教育培养指引密不可分的。”1949 年 9 月，他在重庆市清华中学参加地下党外围秘密组织民主青年协会，团结进步同学从事革命活动，与敌特进行护校迎解放斗争，“当时有一些同学害怕这些事情，建议我不要参加，但是我对中国共产党、共产主义事业抱有必胜的信心，就义无反顾地参加了。”

1949 年 12 月，重庆解放。1950 年 7 月 1 日，是新中国成立后第党的一个生日，侯朝炯回忆说：“所有地下组织的成员全部公开了，这一天全体人员大聚会，凭专发入场券入场，会上邓小平政委作了报告，我们通宵庆贺。这些经历我现在想起来依然热血沸腾。从那时起，我就已经决心要为党与新中国贡献自己的一份力。”1951 年 6 月 27 日，侯朝炯如愿在中国矿业学院加入中国共产党。

侯朝炯来到中国矿业学院后，当时的学生科科长夏家斌和他谈心，说煤矿行业十分艰苦。彼时新中国刚刚成立不久，百废待兴，正值各行业大力建设之际，年轻的侯朝炯怀揣着报效国家的满腔热血，问夏家斌：“哪个专业最艰苦?”在得到“采矿工程最艰苦”的答案后，他毅然放弃了华北大学的考试，也没有去重庆大学电机系求学，而是选择了中国矿业学院采煤专业，作出了一生中极为重要的选择。

“当时我一心想为国家贡献力量，于是我怀着学采矿最艰苦也最光荣的心态，报考了煤矿地下开采专业。”想起当初的决定，侯朝炯面带微笑，仿佛是在肯定当年那个意气风发的自己。这份报效国家的志向让他与矿大结缘，从此，他与矿大同心同向，砥砺前行。

不畏前程险　终身投矿业

1970 年，北京矿业学院举校搬迁到四川合川的三汇坝。在山壑中办学，远离城市，交通闭塞，在这样艰苦的条件下，侯朝炯和老

采矿建井教师在三汇坝参加建校劳动（后排右二为侯朝炯）

师们齐心协力、攻坚克难。当时大家面临的最大困难是住宿问题，他们没有可供休息住宿的房屋，无奈只能借住在一些中小学校。

侯朝炯回忆：“没有水泥我们就自己建水泥厂制水泥，没有空地我们就开山炸石头，我们自己当泥瓦匠盖房子，可谓是各显神通，硬是靠双手将学校建了起来。”1980 年，学校由四川迁到徐州，侯朝炯又随学校来到徐州。他几十年如一日，始终工作在教学科研第一线，不知有多少个夜晚为解决煤矿技术难题而通宵达旦、不知疲倦；也记不清有多少个寒暑前往煤矿一线授课培训而喉咙嘶哑、汗流浃背。2001 年，侯朝炯到宁夏出差，当时井下有一段坡度约 30°、300 多米长的巷道需要步行上下，年近 70 岁高龄的侯朝炯不顾艰难危险，仍亲自下井调研、指导，上井后他仍坚持给矿上一线技术及管理人员授课培训。陪他一起出差的学生王襄禹描述道：“宁夏气候干燥，侯老师讲了两个多小时，喉咙都哑了还一直热心交流。”

经过长期探索和实践，侯朝炯建立了动压、软岩巷道矿压新理论，开创了巷道金属支架支护技术发展新途径，发明了高水速凝材料，创立了“煤巷锚杆支护”理论基础并开展了大量的应用研究，推动了我国煤炭科技事业的发展，为我国煤炭安全和高效开采作出了突出贡献。科研成果荣获省部级以上奖励 37 项，其中国家奖 4 项、省部级科技进步特等奖 2 项、一等奖 3 项，授权国家发明专利 14 件，出版《煤巷锚杆支护》《巷道金属支架》《采准巷道矿压理论及应用》《巷道围岩控制》等著作 8 部，在国内外公开发表学术论文 120 余篇。2017 年，侯朝炯在《中国矿业大学学报》发表的《深部巷道围岩控制的有效途径》《深部巷道围岩控制的关键技术研究》两篇学术论文，均被评为领跑者 5000（F5000）——中国精品科技期刊顶尖学术论文。

1984 年 6 月侯朝炯赴德国参加煤炭工业部组团与海因兹曼公司谈判，引进金属支架加工设备及技术，并在当时德国最深的伊本比伦矿井下井；1993 年 6 月，侯朝炯赴俄罗斯圣彼得堡矿业大学，参加俄罗斯应用地质采矿科学与施工国际会议，并在会上作了研究报告；1996 年 3 月，侯朝炯赴加拿大罗瓦斯科基亚技术大学商谈技术合作，同世界各国著名专家教授进行了学术交流；2018 年，侯朝炯和美国工程院院士彭赐灯教授等参加学术研讨会。通

侯朝炯（左四）参加学术交流活动

过国际合作交流活动，侯朝炯对于加快煤炭行业的技术革命，推动产业发展的决心更加迫切和坚定。

“中国科学家应努力把教学科研搞上去，多出成果，为祖国的建设贡献自己的力量。”斩钉截铁的话语里，是侯朝炯鞠躬尽瘁于事业的赤诚，是献身共产主义的坚定，也是他要建设新中国的决心。矿大也在无数如侯朝炯这样无私奉献者的不辞劳苦、忘我投入的工作中得以蓬勃发展。

俯首耕教坛　桃李满天下

从教 60 多年里，侯朝炯培养了一代又一代品学兼优的采矿人才。他深知，只有用自己的行动去教育引导学生，学生才会从中得到感悟并且见贤思齐。

1958—1962 年，侯朝炯带领学生去开滦矿务局实习，他亲自下井劳动，以身作则为学生做表率。当时国家遭遇了自然灾害，物资匮乏，粮食紧缺。在高强度的劳动下，侯朝炯和学生们日益消瘦，即便如此，他依旧积极乐观，鼓励学生振奋精神、战胜困难。

侯朝炯教学的原则是对学生倾囊相授。他认为学生只有汲取了老师的研究成果，站在较高的起点上，才能高效地建立起稳固的知识体系，实现更高层次的创新。当有人问他培养的心得时，侯朝炯给出以下回答："教育学生的时候，我毫无保留地将自己所知道的全部传授给他们，这些都是相互的。我对学生没有保留，学生对我也没有保留。我们通过这种方法不断进步、不断发展、不断提高。

侯朝炯正在做实验

侯朝炯（后排左二）与学生在现场进行测量

在我编写著作的时候，我的一些学生也参与进来，同我一起进行编写。"1999 年，侯朝炯的专著《煤巷锚杆支护》出版，这本书既有理论又有实践，他将研究成果发布出来，毫无保留，"只有这样，学生才能更新知识，创造更多的成果"。

侯朝炯经常对学生说："有了好的身体才能精力旺盛、思维敏捷，学生不能死读书、读死书，一定要锻炼身体，要德、智、体、美、劳全面发展。"他教育学生为人之道在于"求实""真诚""谦让"，做好这几点才能得信于人，才能有所为。后来留校任教的柏建彪教授说："饮水者思源，学成者念师。感谢我的导师侯朝炯老师，他对学术认真负责、一丝不苟的态度深深感染着我，成为我求学路上的一盏明灯。从入学之初就在老师的指导下，选定了感兴趣的研究方向，雷打不动的组会与读文献会，让我在学习过程中日渐精进，对沿空留巷等知识有了更深的了解与研究。侯老师还给予我无尽关怀，经常关注我的身体和思想状况，在科研任务完成以后带我们出去运动锻炼。我经常为自己遇到侯老师而感到庆幸，得师如此，何其有幸！”

侯朝炯经历了矿大从天津到北京，再到四川，最后落脚徐州的搬迁史，他历尽峥嵘，始终追随矿大的脚步前行，把自己的命运与学校的事业紧紧相连。他曾深情地说道：“如果说我的一生用几个词来概括，那么我想其中一定有矿大。故人入我梦，明我长相忆。60 多年风雨过去，我单独一个人的时候，经常想到的是在矿大这些年发生的各种各样的事情。”

侯朝炯在父亲去世后，忍着悲痛料理家事，着手将父亲生前赠

侯朝炯指导学生

予自己珍爱的三千余册图书捐给矿大图书馆，其中不乏珍贵的古籍，学校专门举办了捐书仪式感谢侯朝炯。他在会上真情流露，直言道："我无比眷恋矿大，青山不改，绿水长流，愿这些书与我的青春和爱留在这奋进的矿大。"

侯朝炯为师者典范、学者楷模，深受学术界和煤炭行业同仁的敬重，被广大师生所爱戴。他忠于党和人民的事业、全心全意为人民服务；他兢兢业业，以实际行动发扬奋斗不息的实干精神；他坚持原则、严于律己，为中国煤炭科技事业的发展奋斗了一生。

（作者：柏建彪　王襄禹　编修：陈东）

志坚行苦铸学魂　勤耕细作育桃李

——我国煤田地质学家、构造地质学家王桂梁

王桂梁（1933—2016），天津人，教授，我国卓越的煤田地质学家、构造地质学家、地质教育家。以毕生精力，矢志不渝地献身国家的地质事业和教育事业，在学术领域和教学岗位上兢兢业业、辛勤耕耘。跑野外、下矿井，几十年如一日，风餐露宿、栉风沐雨，用双脚丈量了祖国的大好河山，先后发表论文180余篇，出版专著15部，获得20余项奖励，其中国家级2项、省部级10项。

矢志地质研究事业　艰难更显勇毅

1933 年 3 月 24 日，王桂樑出生在天津市一个诗礼传家的书香门第，少年时代就读于河北省立第一中学（位于天津市红桥区）。1948 年，他考入天津名校南开中学高中部就读，1951 年正值新中国百废待兴之时，他怀着科教兴国的热情，考入清华大学地质系。1952 年，全国高等学校院系调整，清华大学地质系与北大、北洋大学等校联合，成立了北京地质学院。王桂樑转入该院，于 1955 年取得工学学士学位。

王桂樑在清华大学读书时留影

毕业后，王桂樑被分配到北京矿业学院，攻读研究生。在苏联专家付拉基米尔 · 多洛辛的指导下，他两年就完成了研究生学业，后留校工作，从此与地学结下了一生的缘分。怀揣着对祖国的无限热爱和对地质学科的探索梦想，王桂樑克服了种种困难和政治冲击，坚持开展科学研究，即使在最困难的时期，他仍坚持每年在野外和矿井下工作，每天工作 12~14 个小时，足迹遍及大江南北。经过不懈努力，他在煤矿矿井构造预测、煤田滑脱构造、煤岩层的韧脆性流变等几个领域取得了一系列成就。

深耕矿井构造预测　开拓全新学科

20 世纪 60 年代开始，王桂樑在河北井陉及开滦、山西阳泉、山东淄博、江苏徐州、安徽淮南、重庆南桐等许多矿区成功地进行了矿井预测实践，摸索出了一套“矿井构造预测”的研究思路和解析流程。1975 年，在大连召开的第一届全国地质力学经验交流会上，他作了《矿井构造预测》的重点报告。这份报告后来被四本杂志同时刊登和转载，被20多种构造和煤田地质方面的教科书反复引用。

20 世纪 80 年代以后，他指导博士研究生徐凤银，在大量统计地质、采掘和经济等方面各种参数的基础上，引入了模糊综合评判、灰色关联分析等现代数学手段，进行未采掘地区构造的定量评价与预测工作，并在四川珙县芙蓉矿务局、陕西铜川矿务局和甘肃靖远王家山矿取得了进展。专家委员会鉴定了他所写的《芙蓉矿

王桂梁教授带领学生在野外开展地质调查

区矿井小构造及煤与瓦斯突出区域预测研究》报告，认为其具有很高的权威性和实用性，使我国在这一领域达到国际先进水平。他的预测结论在我国东部许多重要矿区的生产实践中也得到了证实。

在此基础上，王桂樑用“地质情报、构造预测和采掘决策之间的辩证关系”去追求预测成果的置信水平，经过长期的摸索和总结，形成了一套完整的、由定性到定量的构造预测评价的理论、思路、方法和步骤，开拓了一个全新的、对矿井地质工作具有深远意义的学科领域。《矿井构造预测》和《矿井构造预测与评价的理论、方法及其应用》这两本专著就是这方面科研成果的最集中体现。

创新滑脱构造理论　研究韧性变形

20 世纪 70 年代中期，国际上由推覆构造引申出“滑脱构造”这一新的重大研究领域。王桂樑在 70 年代末期由重力滑脱构造入手从事这项工作，后来又推进到逆冲、伸展、层滑等各种煤田滑脱构造领域。在中国东部地区，北起长白山、南到闽粤沿海，西起太行山、东至黄海之滨的吉、辽、冀、京、豫、皖、苏、赣、湘、粤、闽等11个省市，他亲自参加了包括“七五”“八五”国家重点攻关、国家自然科学基金、煤炭科学基金在内的共10个项目。他勤奋钻研，“思他人之未想，视他人之未见”，不断创新，取得了一系列重大成果。

他建立的具有中国特色的煤田滑脱构造模式，丰富了滑脱构造理论，特别是推滑叠加型滑脱构造模式的创立，得到专家们的高度赞誉。形成一批重要成果，包括《滑脱构造研究》《地质构造图册》《华北南部逆冲推覆、伸展滑覆与重力滑动构造》《重力作用与构造运动》四本专著，还有近百篇论文。

这些成果很快在实践中产生重大经济效益。按照这套理论，在找煤难度极大的中国东部地区先后发现探明了200亿吨储量。当时中国东部煤炭勘探已经结束而西部仍未开发，能源极为紧张，解决了当时的“燃煤”之急。1992年5月7日，上海《文汇报》以《王桂樑教授等运用“滑脱构造理论”探明近百亿煤炭储量，缓解我国东部地区“燃煤”之急》为题作了详细报道。第二天(5月8日)，《人民日报（海外版）》以《东部地区用新理论找煤获重大突破，皖闽豫探测到近百亿吨煤储量》为题进行了详细转载。此外，《人民日报》《中国科学报》《中国地质矿产报》《中国煤炭报》《矿产开发报》等17家报刊都对此作了专门报道。

这项科研成果还获得了多个奖励，例如，1993年煤炭科技进步一等奖、1995 年国家科技进步三等奖、1996 年国家教委科技进步（甲类）三等奖、1996 年国家自然科学基金优秀成果奖等，还获得了局级奖 9 项，课题之专著获得 1993 年第七届中国图书奖及 1994 年江苏省优秀图书奖一等奖。

在科学探索的道路上，要勇于挑战权威，创新思维。自 20 世纪 80 年代起，王桂樑就开始了地壳表层浅层次韧性变形的研究，打破了前人界定的只有在地下深层高温高压条件下才能出现的强烈韧性变形的说法。这一成果打破了国际上把剑鞘褶皱作为韧性剪切带鉴别标志的共识，把岩石的脆、韧性变形行为的研究提高到“相生相克、相反相成、你中有我、我中有你、阴阳合德”的哲学高度。1994 年在《科学通报（英文版）》（《Chinese Science Bulletin》）上发表后，被后来国际上很多重要文章所引用。

王桂樑获得的各种科技奖励的证书

紧盯国际研究前沿　扩展学科范围

在开展学术研究过程中，王桂樑始终关注国际研究的进展，并引领学术探索走向世界。先后建立了许多我国在世界上特有的构造模式，如复合伸展的构造模式、推滑叠加型滑脱构造模式、双冲 - 叠瓦扇构造模式、侧移裂陷与跳跃反转模式、造山期后伸展构造模式。1993 年 3 月，在法国著名旅游城市蒙彼利耶举行的“造山期后伸展作用”国际会议上，王桂樑与姜波、余志伟合著的《中国鲁西造山期后复合伸展构造系统》一文作为唯一来自中国的学术论文在大会上展示，颇受国际同行好评，并在国际著名刊物《构造物理学》（《Tectonophysics》）上刊登，而且被 SCI、ISTP 等检索刊物收录，为国际上很多论文所引用，标志着我国反转构造的研究已达到国际先进水平。

王桂樑紧跟由地质学到地球系统科学再到地球信息科学和地球数字科学的总体形势，不失时机地开展数字城市、数字矿山、数字校园的探索研究工作。他于 2001 年主持完成了“数字矿大校园”的项目，带动并推进了后续矿区的各种信息化和数字化的研究工作，并以“数字地球及其应用前景”为题多次进行讲学并作科普报告。

20 世纪 80 年代，国际上兴起了“复杂性”和“复杂性科学”的研究，主要是认为常规理论基于简单逻辑，把知识分割成越来越互不相干的碎片，在一定程度上背离了真实世界，不符合“现实世界是复杂的”这一基本事实。美国新墨西哥州首府圣塔菲的圣塔菲研究所（Santa Fe Institute）首先兴起了突破旧框架的新研究方向。王桂樑从90年代开始，把“复杂性”引入地球科学之中。他在2001年开设了由8个专题讲座组成的“复杂性科学”的全校性选修课，并在后续的科研和写作过程中，用有序、复杂、混沌的思路总结和分析地质构造和盆-山耦合的演化序列。

1996年起，王桂樑指导博士研究生完成了巨量测试工作，进行了关于生态环境的新探索，主要是对煤中微量元素的物质来源、赋存状态、析出途径、迁移过程及其环境效应作了深入研究，特别探讨了微量元素进入表生环境后，在水、风、温度、生物等条件下的迁移转化过程及其环境效应。他与刘桂建（第一作者）完成了专著《煤

王桂樑（右一）陪同英国普利茅斯大学
D.C.Peacock 博士在徐州贾汪观察推覆构造

中微量元素的环境地球化学研究》，对保护和净化人类生存环境具有现实的指导作用。该书于 2000 年获得山东省科学技术进步奖二等奖。

扎实推进学科建设　努力培养人才

在学科建设上，王桂樑作为学术带头人，一直参与有关重点学科、长江学者特聘教授、一级与二级学科博士点、博士后流动站、教育部重点实验室、211 工程、985 工程优势学科创新平台建设的准备申报、考评、验收等各项工作。例如，中国矿业大学原只有地球化学一个二级学科博士点，当时想申报地质理科一级学科博士点整体授予权，这就意味着要涵盖地层、岩石、构造、矿床等 6 个二级

王桂樑给本科学生授课

王桂樑（右四）指导博士论文答辩

学科博士点，用原来仅有的一个去托其余 5 个二级学科博士点难度很大。他与学院其他教授一起精心筹划研究了申报方案和申诉理由，并积极向评审者进行推荐，终于获得成功。他也获得“江苏省优秀学科带头人”的光荣称号。

王桂樑常常以“致广大、尽精微”的精神启迪广大学生，特别是硕士生、博士生、博士后，对他们提出“宽口径、厚基础、强能力、高素质”的严格要求。他教导学生“身居斗室，神视九天”，既要给自己一个合适的人生坐标和准确的社会定位，还要做到“高山仰止，诚信待人”，为国家、为社会、为人类作出更大贡献。在他的严格要求和精心培养下，指导的 30 多名研究生中已有 20 多人被提升为教授、博士生导师和学术带头人，其中 10 余人走上领导岗位，担任了重要的学术职务和行政职务。

如何实现自己的人生价值？如何培养自己的创新思维，拥有一番作为? 这是每个人都应深入思考的问题。王桂樑用自己的行动证明, 人要发挥长处与优点, 充分自我挖掘、自我砥砺, 思人之所未想, 从人之所未事, 创人之所未造。

（作者: 潘云唐）

殷殷之情俱系学术　寸寸丹心皆为国家

——我校管理科学与工程学科首席带头人陶学禹

陶学禹（1938—2012），河南淮阳人，中国共产党党员，教授。我校管理科学与工程学科首席带头人。1962 年毕业于北京矿业学院工程经济系，长期从事经济与管理教学与科研工作。在近半个世纪的教师生涯中，他积极学习并刻苦钻研新理论和新方法，深入工矿企业广泛调查研究，注重理论与实际结合，开设了“煤炭企业计划管理”“现代管理论”“管理学前沿”“领导科学”等课程，并组织编写了相关教材。

扎根讲台　立德树人

1938 年 10 月，陶学禹出生于河南省淮阳县，当时正值中华民族全民抗战时期。1940 年，日军占领淮阳，但中华民族不畏强敌，不屈不挠的抗争精神也在他幼小的心灵里播下了努力奋斗、立志报国的种子。1945 年，抗日战争取得胜利，陶学禹幸运地获得上学机会，1951 年顺利进入河南省淮阳中学学习。当时正值新中国成立不久，为了保卫革命胜利果实，全国上下同仇敌忾，抗美援朝、保家卫国，陶学禹深受感召，他向团组织递交了入团申请书，1954 年 12 月 4 日顺利地成为一名光荣的中国共青团团员。1957 年，陶学禹考入北京矿业学院工程经济系组织计划专业，1962 年以优异成绩毕业后留校工作，成为一名光荣的人民教师，并于当年 9 月 28 日加入党组织，成为中国共产党党员。

经历民族危亡和新中国建设发展的陶学禹深深感到，自己一定要努力工作，始终忠于党和人民、忠于教育事业，在教书育人的崇高使命中实现人生价值。他是这样承诺的，也是这样做的，这一做就是一生。

陶学禹始终以科学的方法培养学生，以创新的思想引领学生，以高尚的师德感染学生。在学术上，陶学禹对学生们要求严格。曾经有一位学生上交了一篇不甚严谨的论文，但当学生拿到返回来的论文时却惊呆了：稿纸上是密密麻麻的批注和圈点，从文章结构到语句章法，甚至标点符号都被陶学禹进行了全面的修改。这名学生被陶学禹学术上精益求精的品质深深感染，彻底改变了学习态度，变得虚心求学、踏实上进。那篇经过十余次修改的“随意”的论文，早已成为这位学生求学路上最大的精神财富。这位学生还把陶学禹给他修改过的草稿仔细保存，并时常以此激励自己严谨治学、认真做事。

在生活中，陶学禹给予学生们无微不至的关怀。一名学生在校期间父亲不幸去世，这个巨大的打击让他产生了放弃求学的念头。陶学禹得知后，百忙之中抽时间与他谈心，鼓励他勇敢地面对生活中的挫折，并与夫人时常在生活上帮助他。最终，这名学生顺利地完成了论文，走上了成功的道路。后来，这名学生回忆起他在矿大的读书时光，特别是跟陶学禹相处的日子，总是满怀感激之情：“陶老师不仅教会了我知识，还教会了我坚强，我时常感觉他就像我的父亲一样。”

2003 年，陶学禹患上静脉狭窄症，只要用脑过度就会头痛。尽管如此，65 岁的他仍然夜以继日地工作、学习，特别是在带领研究生做学术研究时，面对不同专业背景的学生，他也能做到一对一悉心指导，帮助他们确定研究方向。作为江苏省优秀研究生导师，陶学禹以严谨的学术态度和敏锐的学术洞察力，带领学生迈入神圣的学术殿堂。他培养的学生不仅在学术界崭露头角，成为管理学科的精英人才，还广泛分布在各行各业，成为栋梁之材，有的在复旦大学、南京大学、中国矿业大学等国内知名高校中担任要职；有

陶学禹（中）参加教师座谈会

的就职于神华集团、华润集团、中国建材集团、中煤科工集团、中国中煤集团等国有特大企业；有的分布在全国各地的政府部门，为国家的繁荣和发展砥砺作为。

“师者，所以传道授业解惑也。”陶学禹把毕生精力奉献给学生、奉献给学校、奉献给高等教育事业，诠释了生命的真谛。他以教育事业为核心，承担起为人师表、教书育人的责任，在三尺讲台上尽其所能，将知识传授给学生，用正确的价值观引导学生，为学生的一生发展奠基。

抱朴守拙　务实深耕

在追求真理的道路上，陶学禹始终以一颗赤诚之心和严谨的态度不断探索管理科学问题，从教 50 多年里，他始终站在学科发展的前沿。先后发表了 70 余篇学术论文，出版《投入产出法及其在企业中应用》等 11 部专著；主持完成 10 余项科研课题，其中，1 项获得了煤炭工业管理现代化优秀成果部级特等奖，4 项获得了部级一等奖，1 项获得了教育部人文社科成果二等奖，1 项获得了省级三等奖。

“沉下心到管理一线，去识别问题、提出问题、解决问题。”陶学禹一生都在做这件事。他提出“管理学科应加强对管理工作性质和规律的研究”，强调了对管理工作性质的研究是管理学科发展的重要方向。他提出的企业经营管理工作的九种属性理论为企业经营管理提供了重要的指导，同时也为明茨伯格的“经理角色学派”增添了内涵，对企业领导学和人力资源管理理论拓展也起到了积极的推动作用。他亦是实践者，倡导产学研结合，反对“管理研究空心化”，坚持在管理一线工作，基于解决企业的具体的实际问题提出管理方法，把先进的管理理念和方法应用于煤炭企业。

作为我国煤炭高校唯一的管理科学与工程省部级重点学科的带头人、煤炭行业著名管理专家，陶学禹总是将其研究与国家的重大需求相结合。即使在病重期间，他仍然关注着未来管理学科的

共同会商教学方案（从左往右依次为：胡琼、陶学禹、陈宝书、宋学锋）

发展趋势，并预测中小企业和小微企业将成为研究的热点，还试图寻找一套理论来帮助小微企业壮大。后来，国家提出了“大众创业、万众创新”的理念，这再次证明了陶学禹具有独特的敏锐力和前瞻性。“见微以知萌，见端以知末”，他的研究不仅具有学术价值，为众多小微企业提供了有力指导和支持，而且对促进国家经济的繁荣也起到了积极作用。1995 年起，陶学禹因其突出贡献享受国务院政府特殊津贴。

不忘初心　一心向党

工作期间，党和政府给予陶学禹事业上的帮助和生活中的关怀。他也不负党和人民的期望，始终忠于党和人民、忠于教育事业，履行教书育人的崇高使命。作为一名优秀的中共党员，陶学禹始终坚定拥护中国共产党的领导。他一生秉持"做人光明磊落，做事认真负责"的理念，始终将廉洁守己视为最基本的道德素质，从未利用职务之便谋求私利。在20世纪90年代，陶学禹已在矿大任职多年，面对儿子寻找工作的难题，他拒绝利用职务之便为儿子谋求职位，而是鼓励他凭借个人能力自立自强。"廉洁守己"是陶学禹镌刻在灵魂里的风骨，也是他坚守的人生底线。

除了倡导淡泊守正的君子之风，陶学禹还反对过度追求物质欲望。他认为，一味追求物质层面的享乐会带来不幸，人应该量力而行，不要过多地追求外在的东西。此外，他反对将管理视为一种商业行为，坚持以严谨的学术态度对待自己的研究和教学工作。即使是在管理过程中，他也始终坚守原则，以谦逊和宽容的态度对待企业交流，绝不为私利而动摇学者本心。

卧病在床之时，陶学禹仍对儿子倾诉衷肠："我这辈子最感谢的是中国共产党，如果没有党，我不可能从农民的孩子变成一名大学教授。"对党的信仰如同夜幕中明亮的灯塔，照亮了他前进的道路，让他能在个人发展道路上行稳致远。陶学禹的崇高信念也影响了儿子陶磊。他说："父亲在这方面对我起到标杆作用，让我想要成为像他那样的人，一个热爱党、热爱国家的人。”

琴瑟和鸣　家风传承

陶学禹和李宗芳女士伉俪情深，他们彼此扶持，共同为事业奋斗。李宗芳默默地承担着家庭责任，照顾一家人的饮食起居，同时支持陶学禹的科研和教育工作。他们感情深厚，互相鼓励，共同进步。在陶学禹的鼓励下，李宗芳凭借自己的努力考取了工程师证书，并获得了国家级劳动奖章。

在外人眼里，陶学禹通常显得严肃，但他在家中却展现出温情的一面。他喜欢在饭桌上幽默风趣地分享日常生活，喜欢在闲暇之余聆听豫剧，喜欢用河南方言讲述他经历过的有趣小故事。这些不为人知的点点滴滴展现了他鲜活的一面。美满的家庭成为他温暖的避风港，也是他事业坚强的后盾。

“活到老，学到老”，陶学禹以身作则，用行动实践了这一点，还将终身学习的理念化为家风传承下去。他的儿子陶磊最初只有高中文凭，但陶学禹一直鼓励其继续学习和提升学历，后来陶磊通过自学和成人教育，成功获得了大专学历，还通过专升本获得了本科学历。在这个过程中，陶磊深刻理解了父亲口中“能学习就学，通过学习改变自己”的道理。

征程壮阔，初心弥坚；平凡之中，铸就伟大。陶学禹把自己的一生都奉献给了管理学科教育和科研事业。他为国家培育出一大批在政界、企业界、教育界做出突出贡献的栋梁之材，桃李天下；他是学校的管理科学与工程、工商管理学科的创立者之一，贡献卓著；他以深厚的学术造诣和敏锐的前瞻性，将自己的研究和国家的重大需求紧密结合，展现了一位杰出学者的使命感和担当精神。

（作者：黄俊朔　李卓凝　左朔瑜）

后 记

教师是立教之本、兴教之源。值中国矿业大学建校115周年和庆祝第40个教师节之际，学校组织编写的《行健之歌——中国矿业大学历史上的名师风采录(第一辑)》(以下称《名师风采录》)终于付梓成书了。

《名师风采录》的编撰工作是学校深入学习贯彻党的二十大精神和习近平总书记关于教育的重要论述，落实《中共中央 国务院关于全面深化新时代教师队伍建设改革的意见》和《中共中央 国务院关于弘扬教育家精神加强新时代高素质专业化教师队伍建设的意见》，推进新时代师德师风建设，践行教育强国建设使命任务的重要举措。

在各二级单位党组织遴选推荐的基础上，经学校综合研究确定，本书收录了新中国成立以来，在学校人才培养、科学研究、学科建设等各项事业发展中作出突出贡献并产生重要影响的18位已故教师的典型事迹。在新中国成立之前的办学历史中，学校也汇集了一大批治学治教成绩斐然的专家和教授，在学校校史校志及《百年矿大人物传略》中已有部分展示，本次暂未收录。未来学校还将继续组织《名师风采录》的编撰工作，展示更多名师的风范。

本书编写过程中受到了学校党委和行政的高度重视。学校成立了矿大故事系列丛书编写委员会指导编撰工作，校党委书记刘波为本书作序，原校长宋学锋为本书题写书名，校党委副书记蔡世华亲自统筹调度，党委宣传部陈文、许臣负责组织落实。

本书初稿由二级单位党组织提供，王守刚、方跃平、刘尊旭、孙凌杉、李秀、陈东、赵红灿、龚成、韩玮、刘尧、李居铭、李同欢等同志参与文稿修改、校对。冯仰操等同志参与书稿的文字润色。中国矿业大学教育发展基金会秘书处、档案馆、人力资源部、文博中心及丛书编写委员会各成员单位和广大师生、校友、教师亲属等给予了大力支持。在此，对所有参与人员付出的辛劳、智慧表示诚挚感谢，对相关受访人员及被采写教师表示崇高敬意。

受时间和编者水平的限制，本书难免存在疏漏和不妥之处，敬请广大读者批评指正。

本书编写组

2024 年 10 月